地方教育史論考

篠田　弘
加藤詔士
編著

大学教育出版

まえがき

日本の近代化は、欧米先進諸国にかなり遅れて行われ始めた。これらの諸国に一日も早く追いつくために、日本では教育の力が非常に重視され、近代教育は、きわめて強い国家の管理の下に発達した。

そのため、教育の歴史を見るとき、中央の政策や制度の研究は基本的なことであろう。しかし、中央の政策や制度・内容は、地方の教育の実態を強く規制する力を持ってはいるが、教育の実態そのものではない場合が多々存在する。教育史研究の本来のあり方は、教育の実態そのものを明らかにすることであり、その意味で、地方教育史の研究は、最も基本・基礎的なものであるといえよう。

本書の編纂は、私の名古屋大学停年退官を記念して、愛知県教育史の編纂や名古屋大学史の編纂等において、ともに史料採訪をし、ともに研究した方々によって企画され、忙しい中、貴重な論文を寄せていただいた。これらの皆さんに衷心より謝意を表する。

本書の刊行にあたっては、代表して編集の任に当たられた加籐詔士教授、出版に際してお世話になった大学教育出版の佐藤守出版部長の両氏には格別なご配慮を頂いた。心から御礼を申し上げる次第である。

二〇〇〇年二月二日

篠田　弘

地方教育史論考

目次

地方教育史論考

序章　地方資料と教育史

篠田　弘

一　地方教育史研究の意味

日本教育史研究の分野で、「地方教育史」研究の必要性や意義が論じられ、実践されるようになってから、すでに四〇年が経過しようとしている。一九五九（昭和三四）年、教育史学会の課題研究のテーマとして「地方教育史研究の課題と方法」が取り上げられ、一九六四（昭和三九）年になり、『教育学研究』で初めて地方教育史研究の特集がなされた。「特集号」に掲載された論文等のテーマは次に示すとおりである（1）。

仲　新　　地方教育史研究の特集について
小久保明浩　　栃木県における小学校組織化の過程
内田　紀他　　東海地方における近代学校の成立過程
小松　周吉　　明治二〇年前後における開発教授と実業教育
石島　庸男　　郷学校の組織化過程よりみたる教育近代化の前提

汲田　克夫　愛媛県における「学制」体制の諸側面について
金子　照基　地方資料からみた日本教育の近代化―長崎県の場合―
名倉英三郎　地方教育史研究の現状と問題
佐藤　秀夫　日本近代地方教育史文献目録

当時、日本教育史の代表的な研究者仲　新（名古屋大学教授）が、地方教育史研究の必要性を感じ、それに積極的に踏み出した理由は次のようである(2)。

日本の近代学校史について、新しい観点から研究することの必要を感じはじめたのは、明治時代の教科書を調査するために各地を歴訪していた頃であった。それから既に二十年近くを経過した。その間学校制度史の研究と教育内容面としての教科書史の研究を続けながら、つねに念頭を離れなかったのはこのことであった。日本の近代学校史は中央の政策によって枠づけられ、中央の政策と制度を明らかにすることによってその大略を理解することができる。このことは近代の学校が一般に近代国家の管理運営のもとにおかれている点から見て近代学校史の一般的特色であるといえよう。さらに日本の場合は諸外国と比較して教育が強く国家統制をうけてきたことから、右の真実は日本近代学校史の重要を一つの特徴であるといえるかも知れない。しかし近代の学校教育の真実の姿が中央の政策や制度のみから果して究明できるか否かについては大きな疑問をもたざるを得ない。地方調査の際に断片的ながら地方の教育の実態を示す資料に触れる度毎にこの感を深くしたのであった。（傍点筆者）

これは、一九六二年に刊行された『明治初期の教育政策と地方への定着』の冒頭の部分である。これにより著者が研究生活に入ってまもなく、新しい視点から日本の近代学校史を研究する必要性について、既に深い関心を持っていたことが知られる。本書の意図は、明治初期において、中央の教育政策が地方において実施される状況を詳細に分析し、その定着過程、屈折状況等を究明することにより、中央の政策や制度の持つ意味と限界を明らかにすることにあった。この意味において、本書は、従前の日本近代教育史の研究に対して新しい視点を与え、また新しい研究形態のモデルを示したものとして高く評価されよう。日本近代教育史研究の分野で、地方の史料を活用した研究が盛んに行われるようになる中で、学制発布百年を記念する事業として、全国の都道府県や区市町村等において、その地方、その地域の教育史の編纂の動きが活発になったこともあり、地方教育史の研究は一層進展した。

このような状況の中で、一九七八（昭和五三）年九月、地方教育史研究会が結成され、一九八〇年から紀要『地方教育史研究』が発行された。同会は一九八五年から「学会」として組織され、「全国地方教育史学会」が成立して、前記「紀要」はその機関誌となった。

日本の近代の教育は、強い国家の管理のもとに発達してきた。そのため、中央の政策や制度の研究は最も基本的なことである。しかし中央の政策や制度は教育の実態を強く規制する力をもっているが、教育の実態そのものではない場合が多く存在する。近代教育において教育の実態をとらえる場合、まず留意すべき主要なことは次の三点が考えられる。

（1）学校を中心として展開
　　児童・生徒、教師、教材等。
（2）地域社会の生活のなかで展開
　　地域の行事、子供の団体・遊び・仕事等。
（3）地域の主体性の発見――中央発ではなく地域発。

教育史研究の本来のあり方は教育の実態そのものを明らかにすることであり、その意味で地方教育史研究は教育史研究にとって最も基本的なものであるといえよう。

次に、一九六六（昭和四一）年、愛知県教育史の編纂に際して作成した「史料調査・蒐集要項」を示しておく。

史料調査・蒐集要項

Ⅰ基本原則

1. 全時代を対象とする。
2. 県内を中心とするも、全国に及ぶ。
3. 狭義の教育史史料にとどまらず、広義の教育史史料（学問・思想・宗教・文学・美術　工芸・芸能・習俗及び家庭教育・社会教育など）に及ぶ。
4. 教育の背景としての政治・外交・産業・経済及び社会にも及ぶ。
5. 全県民の協力を期待するが、とくに郷土史家（研究家）の協力を仰ぐべく十分な配慮をする。
6. 愛知県教育史史料センターの設立に努力する。

Ⅱ昭和四十一年度作業計画

1. 文献目録の作成
2. 史料所在目録の作成
3. 史料の蒐集

（備考）本年度史料蒐集は、近世教育史史料（寺子屋・郷校など）採訪を出発点とするのが、効率的と考える。

Ⅲ史料の内容及び分類

1. 総記

（1）辞典、年表、年鑑、年報、目録、人名録

（2）法令集、史料集、統計、往復文書（布達・回答・伺書など）

（3）叢書、全集、書籍一般　（4）紀要、論文集、講演集
（5）会議録、報告書　（6）郷土史沿革史概要、会誌
（7）教育史　（8）伝記
（9）雑誌、定期刊行物　（10）新聞
（11）日記

2．教育一般

（1）教育思潮（想）　（2）教育運動、社会教化
（3）男女共学、女子教育一般　（4）教育行政、制度
（5）教育法規　（6）教育財政、教育費、育英費（育英会貸費制）
（7）人事行政、勤務評定、共済組合
（8）教員養成、教員検定、免許状　（9）留学・調査視察制度

3．学校教育

（1）国学　（2）家塾　（3）寺子屋
（4）郷学　（5）藩黌　（6）幼稚園、幼児教育
（7）初等教育（学校経営、教育行政も見よ）　（8）中等教育
（9）高等教育　（10）師範教育　（11）実業教育、職業教育
（12）補習教育、青年学校　（13）校外教育、林間学校
（14）辺地教育、疎開地教育（生活も含む）
（15）宗教教育、ミッションスクール　（16）検定試験
（17）学校建築、学校設立、施設、校地　（18）学校及学級経営一般
（19）教務関係　（20）帳簿、学校通信、学校日誌
（21）教師及教師団、職員、視学（生活研修も含む）　（22）児童、生徒（生活も含む）
（23）学校行事　（24）訓練、訓話、掲示資料

(25) PTA、同窓会　(26) 体育、衛生、保健、給食
(27) 学校図書館　(28) 教育課程（教授内容と方法）（教案、指導書）
(29) 教科書、参考書、指導書、卒業証書、賞状、写真、教具
(30) 金石文（筆塚、記念碑、算額など）

4. 特殊教育

(1) 聾唖教育　(2) 肢体不自由児教育
(3) 養護学校　(4) 吃音矯正教育
(5) 精神薄弱児教育　(6) 英才教育
(7) 社会的異常児教育　(8) 人種及び特殊な環境下にある人の教育

5. 家庭教育

(1) 家庭教育一般　(2) 家憲、家訓
(3) 躾　(4) 家庭行事
(5) 日記　(6) 家計簿
(7) 家業　(8) 家族関係

6. 社会教育

(1) 社会教育一般　(2) 宮座
(3) 講（社寺）　(4) 寄舎
(5) 心学　(6) 武芸場
(7) 裁縫塾　(8) 芸能塾
(9) 若者組、娘宿、青年団、少年団、処女会、婦人会
(10) 青少年教育、市民教育　(11) 図書館、博物館教育
(12) 視聴覚教育　(13) サークル活動と教育
(14) 企業内教育　(15) 通信教育

(16) 習俗（冠婚葬祭、祭礼）　(17) 民謡、民話（伝誦）
(18) 宗教（寺院、神社）　(19) 文学
(20) 学問、思想　(21) 娯楽
(22) 美術工芸

7. 教育の社会的環境

(1) 政治・外交　(2) 経済　(3) 経営
(4) 産業　(5) 軍事　(6) 医療、自然科学
(7) 都市問題、工業化問題　(8) 農村問題　(9) 交通

【備考】

1 史料採訪は全時代に亘って行うが、古代・中世については、別途の方図が考慮加味されるであろう。
2 史料採訪地域は全国に及ぶが、隣県及びとくに遠隔都道府県については、別途方図が考慮され加味されるであろう。
3 史料の所在場所は大要下記と考えられる。
　a.学校　b.図書館　c.役場　d.民家（旧家など）　e.旧関係者　f.寺院　g.神社　h.その他
4 史料の形態は、大要下記の如く考えられる。
　a.文書　b.記録　c.典籍　d.建造物　e.金石　f.その他
5 文献及び史料カードは別項に示す。
6 史料蒐集に際しての方法　a.筆写　b.撮影　c.寄託　d.寄贈　e.購入
7 細部に関しては、随時共通理解を得る方途を講ずる。

二　地方教育史研究の一事例(3)――「就学経験率」の提示――

明治初期における児童の就学状況については、すでに多くの研究がなされ、いくつかの優れた成果もみられる。それらは、児童の就学・不就学とその要因分析が中心であり、さらに、これに加えて、就学児童の等級別分析がなされている場合もみられる。

これらの研究において、児童の就学状況を表す言葉として「就学率」という言葉が使用されている。就学率は、言うまでもなく、就学学齢児童数を学齢児童数により除し、百分比で示したものである。また、さらに児童の就学状況をより実質的に知るため、就学率を小学校生徒の出席率等により補正して、「実質就学率」または「通学率」というべきものが明らかにされている。このように、就学率は学齢という幅をもつ年齢層の児童集団の中での就学者の比率を示すものであり、現在の進学率のように、単一の同年齢集団に対する比率を示すものではない。例えば、『文部省第五年報』によれば、一八七七（明治一〇）年においてわが国の学齢児童数は五，二五一，八〇七名であり、就学学齢児童数は二，〇九四，二九八名であるから、就学率は三九．八八％となる。この百分比は、同年に学齢（六歳から一四歳未満）にある児童の年齢層の中で就学している者の比率を示すものである。従って、この数字により、例えば、学齢にある一八六九（明治二）年生まれの児童の就学・不就学の状況を知ることはできない。

児童の就学状況を明らかにするために、学齢という年齢層に属する児童集団の中での就学者の比率（就学率）を知ることは、もちろん必要である。しかし、就学率は、就学状況について就学・不就学と就学期間とを渾然としてとらえたものであり、児童の就学経験を明らかにするためには不充分である。そのため、学齢に属する各出生年次の児童の就学状況を考察することがさらに必要であろう。このことは、就学率が低い明治初期において特に重要である。

一方、従前の研究において、就学児童の等級別分析から修学の程度およびその割合を明らかにするとともに、就学期間を推察しようとすることも試みられている。これは、就学率を補正し児童の就学状況を明らかにするために、さらに一歩を進めたものといえよう。

地域の史料は、児童の就学状況を明確に知るために、学齢児童の出生年別就学状況（就学・不就学および就学年数）を明らかにすることを可能にする。出生年別に求めた就学率を、従来の「就学率」と区別するために「出生年別就学率」という言葉を用いて表し、さらに、学齢期間に就学経験をもった児童の比率を「就学経験率」とする。

事例として、旧愛知県中島郡下津村（現愛知県稲沢市下津町）下津小学校をとりあげる。

下津小学校は、一八七三（明治六）年五月、第四中学区第八番小学不朽学校として設立された。『文部省第二年報』によれば、一八七四（明治七）年の不朽学校は、教員三名、生徒一二五名（うち女子三四）であり、旧中島郡内の小学校の中で中規模の学校であった。一八七六（明治九）年五月、校名を改称し第一七、一八、一九番連区小学下津学校となった。その後、『愛知県学事第三年報』によれば、一八八四（明治一七）年において下津学校は、教員数四名（訓導二、授業生または助手二）、生徒数三〇四名（うち女子一三四）となり、旧中島郡内の小学校では、旧一宮村一宮学校に次ぐ代表的な学校となった。

考察に活用できる史料は主として、旧下津村役場文書であり、そのうち主なものを示せば次の通りである。

○明治一五年一二月起「学齢調査簿」下津学校備
○明治九年九月調「学齢人名簿」下津学校（下津村）
○明治一三年一〇月已降「学齢人員簿」下津学校備

○明治一四年一月已降「就学人員届留」下津学校備

a．明治一四年一月一日（学齢人員三ケ年課程卒就学部）

b．明治一五年一二月一日（学齢人員三ケ年課程卒尚就学之部）

c．明治一五年一二月一日（学齢人員三ケ年課程不卒就学之部）

d．明治一六年一二月一日（学齢人員三ケ年課程ヲ卒尚就学之部）

e．明治一六年一二月一日（学齢人員三ケ年課程不卒就学之部）

f．明治一七年一一月（学齢人員三ケ年課程ヲ卒尚就学之部）

○明治一四年一月已降「御指令留」

a．明治一四年一二月一日（学齢人員不就学事故之部）

b．明治一四年一二月一日（学齢人員三ケ年課程卒理由部）

c．明治一五年一二月一日（学齢人員三ケ年課程卒理由部）

d．明治一五年一二月一日（学齢人員不就学事故部）

e．明治一六年一二月一日（学齢人員三ケ年課程ヲ卒理由部）

f．明治一六年一二月一日（学齢人員不就学事故之部）

g．明治一七年一一月（不就学事故之部）

h．明治一七年一一月（不就学理由之部）

i．明治一八年一一月調（学齢人員三ケ年課程ヲ不卒事故之部）

j．明治一八年一一月調（学齢人員三ケ年課程ヲ卒理由部）

○明治一四年七月ヨリ一五年中入学ノ者「学齢人員取調□書」

表—出生年別就学経験率

出生年	明治元年			明治2年			明治3年			明治4年			明治5年			明治6年			合計		
性別	計	男	女	計	男	女	計	男	女	計	男	女	計	男	女	計	男	女	計	男	女
学齢児童数（人）	17	10	7	19	11	8	39	20	19	22	12	10	40	25	15	30	13	17	167	91	76
就学経験児童数（人）	15	10	5	15	11	4	35	20	15	17	11	6	37	25	12	21	13	8	140	90	50
就学経験率（%）	88.2	100.0	71.4	78.9	100.0	50.0	89.7	100.0	78.9	77.3	91.7	60.0	92.5	100.0	80.0	70.0	100.0	47.1	83.8	98.9	65.8

これらの史料のなかで、下津小学校の当時の就学状況を知り得る史料の一つに、一八八二（明治一五）年一二月起の同校「学齢調査簿」がある。この「学齢調査簿」には、一八六八（明治元）年から一八八三（明治一六）年までに出生した五七八名について、「編入番号」「本籍及寄留学齢児童姓名」「出生年月日」「就学不就学歳別」「父兄或ハ後見人氏名」「族籍職業」「住所」の各項目が記載されている。これらの学齢児童のうち、一八六八（明治元）年から一八七三（明治六）年までに出生した児童については、その学齢期間（六歳から一四歳未満）内の就学・不就学が年齢次別に明確に記載されている。

この史料の分析により、上の表が得られる。

この表は、出生年ごとに、学齢児童数、就学経験児童数、就学経験率を男女別に示したものである。就学経験児童とは、学齢期間内にいくらかでも小学校へ就学したことのあるものをいう。そして就学経験児童の学齢児童に対する割合を百分比で表したものが「就学経験率」である。

明治元年から明治六年までに出生した男子児童については、小学校への就学経験を有していない児童は明治四年生まれの一名のみであり、他のすべての男子児童は少なくとも一度は小学校へ就学したことが分かる。女子の場合、明治五年生まれの八〇%を最高に、明治六年生まれの四七％を最低として、各年度により就学経験率は高低を示しているが、一八六八（明治元）年から一八七三年までに出生した女子児童の約六六％が就学経験児童であった。これは、男子の場合と比較すれば低率であるが、女子でも学齢児童の三分の二は小学校への就学経験を有していたことを示している。

就学経験率については、他に比較すべき研究成果を見ることのできない現状においては、これらの数字が、他地域と比較のなかで、いかなる意味をもつかを明確に説明することはできない。しかし、明治一三年における下津小学校の就学率が男子約六五％、女子約二三％であったことを考えれば、就学経験率男子約九八％、女子約六六％という数字はかなり高率であり、従前の就学率にはみられない学齢児童の就学状況を一層具体的に説明しうるものといえよう。

補節　仲研究室共同研究「東海地方における近代学校の発達」について

名古屋大学教育学部教育史講座「仲研究室」の共同研究「東海地方における近代学校の発達」は、一九五八（昭和三三）年から一九六三（昭和三八）年まで行われた。この共同研究およびその成果は、日本近代教育史における初期の画期的な地方教育史研究として位置づけられるが、私にとって、それはまさに地方教育史研究への導入であり、訓練の課程であった。次に、『地方教育史研究』第七号（一九八六）に発表した論文(4)の関係部分を一部改稿して補節とする。

名古屋大学教育学部における共同研究「東海地方における近代学校の発達」は、一九五八年度の文部省科学研究費の交付を受けて始められ、翌年度も同研究費の交付を受けた。

次に、地方資料調査のためのアンケートを示す。

謹啓　初秋の候愈々御清勝大慶に存じます
さて今般昭和三十三年度文部省科学研究費により「東海地方における近代学校の発達」について調査研究することとなりました
就きましては御多忙のところ甚だ恐縮ですが貴市町村内明治時代の教育関係の文書、資料等を所蔵する学校、図書館、旧家その他明治教育関係者等がございましたら同封ハガキに御記入の上御返信いただきたくお願い申上げます　なおこの調査は御回答に基きまして今後さらに直接関係施設または御本人にお問合せいたしその後調査に参る予定であり研究の手がかりを得るためのものでありますから特に時間をかけて御調査下さらなくとも単なる推定でも結構ですから御記入御回答を賜りたいと存じます
御繁忙のところ御迷惑とは存じますが重ねてお願い申上げます

敬具

昭和三十三年十月一日

名古屋大学教育学部教授　　仲　新

協力者
同教授　大久保利謙
同助教授　成田　克矢
同助手　伊藤　敏行
同助手　上沼　八郎

県　市町村教育委員会

教育長殿

御記入についてのお願い

一、調査対象となる資料

「明治時代の教育関係文書・資料」のすべてですがおおむね次のようなものです。

（一）学校沿革資料　（二）就学状況に関するもの

（三）校務日誌の類　（四）教科書

（五）学習指導案の類　（六）生徒の成績品、答案類

（七）教員に関するもの　（八）辞令、免状、証書の類

（九）その他

二、今後の調査の手がかりを得たいので貴市町村内の

（1）創立の古い学校（明治二十年頃まで）　（2）郷土史研究家

について御記入下さい。

三、確実でなく単なる推定でも結構ですから是非御記入御回答下さるようお願いいたします。（推定はその旨御記入下さい）

四、その他この調査研究に参考となりそうなことは何でも御注意下されば幸です。

五、これは第一回の予備調査で、今後御回答に基いて直接所蔵施設等に御回答をお願いし、またお訪ねして調査する予定です。

明治教育関係文書資料調査

一、所蔵施設（学校、図書館、公民館、官公署等）

施設名	責任者	所在地	確実（○印） 推定（△印）

二、関係史料所蔵者（氏名、住所）

三、創立の古い学校（所蔵の有無に関係なく御記入下さい）

学校名	創立者	所在地	所蔵見込

四、郷土史研究家（氏名、住所）

五、その他参考となる事項

これは、一九五八（昭和三三）年十月、愛知県、岐阜県、三重県の東海三県の全市町村教育委員会に出されたアンケートであり、市町村内にある明治時代の教育関係の文書、資料等の所蔵状況を照会している。そして記入の手引きとして、対象となる資料の概略を示すとともに、創立の古い学校や郷土史研究家についても情報の提供を依頼している。

これが予備調査であることはアンケートの末尾にも記載されているが、同年末には回答に基いて、文献・資料の所蔵者（所）に直接調査票が送付され、所蔵資料の内容等について回答が依頼された。回答の結果、重要と思われるところを訪ね実地調査が進められるとともに、文部省史料館、県庁の書庫、主要図書館等の資料も調査され、また一方においては郷土史家、専門家等の協力を得て関係資料の調査が進められた。

資料の調査とともに整理、分析作業も進められ、その成果は、日本教育学会、教育史学会等で報告され、また『名古屋大学教育学部紀要』においても明らかにされた。

紀要論文のテーマ等は次のとおりである。

（一）「東海地方における近代学校の発達」――岐阜県を中心として――（第六巻一九六〇年）

（二）「同右」――愛知県を中心として――（第八巻一九六一年）

（三）「同右」――愛知県教員履歴書調査報告――（第一〇巻一九六三年）

いわゆる仲研究室の共同研究「東海地方における近代学校の発達」は、前記「愛知県教員履歴書調査報告」をもって一応終了した。

この共同研究は、仲研究室のメンバーにとってまさに研究指導体制そのものであった。

資料採訪に行く。調査すべき資料についてさきに打合せはあるが、現に資料を前にして検討せざるを得ない場合が多い。このような時、共同研究に参加した当初は黙って耳を傾けるのみであったが、その土地に行き資料を前にしての議論であり極めて具体性を帯びていた。

当時資料収集は筆写によるのが一般的であったが、仲研究室では、収集することを予定していた資料が膨大なこともあり、ほとんどの場合写真撮影によった。撮影には、資料の状態、光線の具合等意外に微妙な影響があり、慣れるまでは相当な苦労があった。しかし二台程カメラを潰したことからも察せられるように、共同研究の後期になると、メンバーの接写技術の進歩には目を見張るものがあった。当時は現在と異なり県立図書館でさえ冷房の入っていない所があり、真夏の撮影の苦闘を思い起こすが、いつもそこに熱心に資料と対しておられる仲先生の姿がダブッている。

資料採訪の後、撮影した資料のＤＰＥがある。研究費の関係で焼付と引伸しは外注するわけにはいかず、研究室のメンバーの仕事となった。古いメンバーの中には、大学に来て日光を拝めない日さえあったようだ。

「愛知県教員履歴書調査報告」では、対象となった教員履歴書が文部省史料館（六〇〇通）と愛知県文化会館（一八五一通）で二四五一通あり、整理方法について種々検討され試みられたが、最終的には分類集計する方法としてＩＢＭのソーターが使用された。

この方面の知識・技能がとくに優れているメンバーもおらず、履歴書の内容が複雑なこともあって、コーディング作業をはじめ、パンチング作業、ソーティング作業等試行錯誤の連続であった。しかし、好奇心だけは旺盛なメンバーが多く分類集計作業の当初の予定は完了させた。当時の作業日程表をみるとほとんど毎日午前、午後そして夜間と三交代制で分類集計作業等についている。

教員履歴書の整理方法については、仲先生の発案というより、教育史の研究方法にも新しい統計機械を利用しようとするメンバーの熱意によるところが大きかったようだ。

次いで史料の整理・検討についてみる。当時、仲研究室では大学院の博士課程（現在の後期課程）以上が共同研究の正規のメンバーであり、修士課程の学生は研究補助者として位置づけられていた。従って私が共同研究の正規のメンバーに加えられたのは一九六一（昭和三六）年度以降のことであり、それ以前は集計の補助者、撮影の補助者であって、撮影史料の一隅に史料を押えていた指が写っているぐらいであった。

史料の整理・検討に入る段階では、分担執筆する問題・分野が定められていた。各々のメンバーが関心をもつ問題・分野を中心にして、仲先生を交えたメンバーの話し合いにより執筆分担が定められた。分担すべき部分の構成については分担者の自由であった。

史料は、整理・検討の過程で、表に付表をつけ関連分野のゴム印を押し分類するとともに、史料名または簡単な内容を記すのが通例であった。当然、一つの史料が複数のメンバーに関連することもしばしば起こる。そのため、原稿化の作業が本格化する時期には、共同で何日か宿泊する場合もあった。このような場合、史料の文字の読み方をはじめ解釈の仕方、原稿の書き方等まさしく一日中共同研究そのものであった。

さて、完成原稿のことについて述べる。原稿はすべて仲先生が目を通されることになっていた。この関門を通過してはじめて完成原稿となるのである。自分では充分に完成させたと思う原稿を提出しても、その大部分が「カット」されてしまう場合が多かった。時に力説して結論付けたところは大抵「カット」の憂目にあった。もちろん、恣意でカットがなされるのではない。「この史料からこのように結論できるのか」、「あの史料も検討してみてはどうか」等の言葉により、多くの場合再考せざるを得なかったようだ。

【注】

(1)『教育学研究』第三一巻第三号、日本教育学会、一九六四年九月。

(2)仲　新教授は一九五〇年三月から一九六五年三月まで名古屋大学教育学部(教育史講座)に在籍。『明治初期の教育政策と地方への定着』(講談社、一九六二年)は博士論文(名古屋大学教育学部課程外博士第一号、一九六五年六月)。

(3)この節は、篠田弘・堀浩太郎・井上知則共筆「明治初期における児童の就学状況に関する研究」——旧愛知県中島郡下津村下津小学校を事例として——(『名古屋大学教育学部紀要　教育学科』第二七巻　一九八一年)の一部を加筆、修正し、構成した。同論文はさらに就学率を規定する諸要因についても分析しており、参照されたい。

(4)「『明治初期の教育政策と地方への定着』について」(『地方教育史研究』第七号　全国地方教育史学会　一九八六年)。

第一章　ある旧制中学校の校務日誌

——敗戦直前・直後の記録より——

浅見　恒行

一　校務日誌について

府県教育史の編纂作業が各地で進められる中で、それまで埋もれていた史料があらたに発掘されたりして、教育史の歴史像は一段と精緻なものになった。愛知県教育史の編纂事業においても、きわめて膨大な史料が発掘・収集されているが、その中には、まだ一般にあまり知られていない一次史料も数多く含まれている。その一つに校務日誌がある。

校務日誌とは、学校の教育目標達成のために行われる業務（校務）についての、公的な日々の出来事などを記録した日誌のことをいう。したがって、教育現場における日々の実践の具体的様相を伝えてくれる、貴重な基本史料ということになる。

本稿では、この校務日誌の記載事項を紹介し考察を進める。具体的には、愛知県の旧制岡崎中学校（現在の愛知県立岡崎高等学校）における、一九四五（昭和二〇）年四月から一九四六（昭和二一）年三月に至る校務日誌を考察対象とする。この時期は敗戦の直前・直後という混乱期であるだけに、これまであまり知られていない史実が含みこまれていることが予想される。

以下では、右の考察時期を、便宜的に二期に分けて分析する。第一は、一九四五（昭和二〇）年四月から同年八月一五日の敗戦日までであり、これを「敗戦直前の校務日誌」と題して紹介・考察する。第二は、敗戦の翌日の一九四五（昭和二〇）年八月一六日から翌一九四六（昭和二一）年三月までの時期であり、これを「敗戦直後の校務日誌」と題して紹介・考察する。

二　敗戦直前の校務日誌

熾烈をきわめた太平洋戦争（大東亜戦争）も、一九四四年～四五年頃になると、我が国の敗色が決定的なものとなっていった。しかし当時の政府は、なお戦争遂行の立場から一九四四年三月に「決戦非常措置要綱ニ基ク学徒動員実施要綱」を公布した。この法令に基づいて、本県では同じく三月に早々と「愛知県学徒勤労動員実施要綱」を発表した。この結果、県内の中等学校第三学年以上（工業学校のみ第二学年以上）の生徒は、四月一日より一か年を原則として工場に連続動員され、第二学年以上は一年間随時食糧増産などの勤労作業に、また農学校生徒は、原則的に食糧増産に動員されることとなった。

しかしその後、ますます悪化する戦局に対して、政府は一九四四年八月に「学徒動員令」を決定し、続いて一九四五年三月に「決戦教育措置要綱」を公布した。この後者の法令によって、国民学校初等科を除き、学校の授業は同年四月より一年間停止されることになった。さらに同年五月には、「戦時教育令」が発布されたことによって学校教育はほぼ完全に崩壊し、ここに学徒たちはいや応なく戦争のために総動員されることになったのである。このような中、旧制岡崎中学校の教育状況はどのようなものであったのだろうか。

表1

昭和二十年四月十二日木曜日　天候晴

校長		
教務主任		
教務係		
職員	欠勤	○○教諭　○○教諭
	出張	学校長　○○教諭
補欠	補欠時学級・教員	第一時
		第二時
		第三時
		第四時
		第五時
		第六時
		第七時
	朝礼	有
	旗掲揚	ナシ
	終礼	有
記事	勤労動員情況	第二学年　美合工場 第三学年　幸田工場 第四学年　今村工場 実務科　美合工場
	校内行事其他	第一学年　耕起・修練実施中 午前八時十六分ヨリ敵機来襲アリ待避訓練ヲ行フ 正午再ビ防空警報アリ 依テ午後ハ訓練ヲ中止シ家庭ニ帰ラシム

同校のばあい、校務日誌の様式は、一九四五年九月末日までは別掲の表1（四月一二日）の様式によって記されている。紙幅の関係で、四月一三日以降の校務日誌については、表中の「記事」欄のみを、しかも戦時下における学校の実情を知る上で史料的に重要と思われる記述を含む校務日誌だけを抜いて載せることとした。表中の氏名については、明記するのを避け「○○先生」などと伏字でもって表現をした。

まず、表1から表11に示すこれらの史料によれば、第二学年から実務科までの生徒は、いずれも岡崎市近郊の軍需工場へ動員されていることが分かる。ただし、第五学年生の記述がない。これは、一九四三（昭和一八）年に公布された「中等学校令」を根拠に卒業を早め、第四学年で卒業させたからである。中学校の実務科とは、卒業後に在籍するいわゆる専攻科にあたる。

また、第一学年生は、先述の「決戦教育措置要綱」の決定にもかかわらず、一学期にはかなりの日数授業を実施していたが、七月二〇日の岡崎市空襲による罹災によって授業を停止している（表7・表8）。そして、敗戦二日前の八月一三日から日本特殊陶器会社（大平工場）へ勤労動員されたという実情が記されている（表9）。

当時といえば、すべての面にわたって厳しく困難な戦時下でのことでもあり、「校内行事其他」の欄には、簡略ではあるが、戦争にかかわる記述が多い。たとえば、軍事訓練（表2）、学校関係者の神風特攻隊員としての戦死（表6）、生徒の入隊、度重なる空襲警報下における学校側の動向、校舎の罹災（表7）、敗戦当時の簡潔な心情の吐露（表11）などであり、往時の実態が端的ではあるが生々しく具体的に伝えられている。

表2

昭和二十年四月	
十四日土曜日	天候　晴
記事	
朝礼	有
旗掲揚	ナシ
終礼	有
勤労動員情況	第二学年　公休日 第三学年　幸田工場 第四学年　今村工場 実務科　公休日
校内行事其他	第一学年　耕起・軍事（行軍）・修練 訓練実施 ○○○他九名豊橋予科士官学校ニ於ケル軍事訓練ヨリ帰校ス

表3

昭和二十年四月	
十五日日曜日	天候　晴
記事	
朝礼	
旗掲揚	
終礼	
勤労動員情況	第二学年　美合工場 第三学年　公休日 第四学年　今村工場 実務科　美合工場
校内行事其他	第一学年　休業 名古屋市県庁前ニ於ケル愛知県学徒義勇隊結成式ニ実務科生徒代表十名・学校長・○○教官引率ニテ参加ス

表4

昭和二十年四月	
二十九日日曜日	天候　晴
記事	
朝礼	有
旗掲揚	ナシ
終礼	有
勤労動員情況	本日各工場共公休亦ハ繰上ゲテ公休トシ学校ノ拝賀式ニ参列セシム
校内行事其他	全学年午前八時五十分迄ニ登校 午前九時ヨリ天長節遥拝式挙行 ○○教諭二十年勤続表彰式挙行 尚校長室ニ於テ同窓会表彰式ヲ挙グ

表5

昭和二十年五月	
十五日火曜日	天候　曇后雨
記事	
朝礼	有
旗掲揚	ナシ
終礼	有
勤労動員情況	第二学年　美合工場 第三学年　幸田工場 第四学年　公休 実務科　美合工場
校内行事其他	第一学年　授業 教護委員会本日午後一時ヨリ校長室ニ於テ開催 ○○○○先生御転任先「比叡第一四三一七部隊久能隊長」

表6

昭和二十年六月	
二日月曜日	天候　晴
記事	
朝礼	ナシ
旗掲揚	ナシ
終礼	ナシ
勤労動員情況	第二学年　公休日 第三学年　幸田工場 第四学年　今村工場 実務科　美合工場
在籍者　六月二日現在	四年　196 三年　244 二年　240 一年　333 合計　1013
校内行事其他	第一学年　授業 ○○先生令息第四一回卒海軍少尉○○○○君神風特攻隊 第一七生隊員トシテ四月上旬南西諸島海面ニ於テ戦死 ○○○君神風特攻隊正行隊長トシテ硫黄島付近ニ於テ戦死

表7

昭和二十年七月	
二十日金曜日	天候　□
記事	
朝礼	
旗掲揚	
終礼	
勤労動員情況	第二学年 第三学年 第四学年 実務科
校内行事其他	第一学年 本日午前零時頃ヨリマリアナ基地ノ敵機B29約八十機岡崎市 付近ヲ空襲　不幸ニシテ本校モ罹災　学校本部ヲ始メ建築 ノ半ヲ焼失セリ罹災職員十名、昭和学舎モ全焼セリ

注、欄外に宿直員、小使、駆付けた学校長、教頭、教諭、生徒の氏名あり

表8

昭和二十年七月	
二十一日土曜日	天候　豪雨
記事	
朝礼	
旗掲揚	
終礼	
勤労動員情況	第二学年 第三学年 第四学年 実務科
校内行事其他	第一学年　正午迄罹災セザル者ニテ通路ノ一部取片付ヲナス 罹災生徒今月中公休 但シ一度ハ連絡ニ出校ノコト

表9

昭和二十年八月	
十三日月曜日	天候　晴
記事	
朝礼	ナシ
旗掲揚	ナシ
終礼	ナシ
勤労動員情況	実務科　美合工場 第四学年　今村工場 第三学年　幸田工場 第二学年　美合工場 第一学年　大平工場
校内行事其他	第一学年全員日本特殊陶器会社へ請入式　生徒三〇五名 実務科一組○○○○ノ葬儀明日ノ由父親来訪

表10

昭和二十年八月	
十四日火曜日	天候　晴
記事	
朝礼	有
旗掲揚	ナシ
終礼	
勤労動員情況	第一学年　大平工場（護国第五四工場） 第二学年　美合工場 第三学年　幸田工場 第四学年　今村工場 実務科　美合工場
校内行事其他	一、中部配電駐在農耕部隊貸与机類返済 山梨県北巨摩郡小淵沢村小淵沢村役場内へ 一、午前十時頃ヨリ空襲警報発令 一、午前十時学校長、○○教諭共ニ○○○告別式ニ□拝

表11

昭和二十年八月	
十五日水曜日	天候　晴
記事	
朝礼	有
旗掲揚	ナシ
終礼	有
勤労動員情況	前ニ同ジ
校内行事其他	昭和二十年八月十五日正午　詔勅ヲ拝シ大東亜戦争ハ茲ニ終ル建国三千年大日本帝国未曾有ノ歴史的屈辱ニ一億同胞挙ゲテ血涙ニ咽ブト雖モ□慮畏シ亦何ヲカ謂ハンヤ

三　敗戦直後の校務日誌

敗戦により、わが国は連合国軍の占領下におかれることになった。具体的には、連合国軍最高司令官総司令部（GHQ）から発せられる幾多の厳しい指令をもとに、種々の民主主義化政策が次々と実施されることになった。

教育についてみると、軍国主義や超国家主義の徹底した払拭のために、一九四五年一〇月から一二月にかけて、「日本教育制度ニ対スル管理政策」（一〇月二二日）、「教員及び教育関係官ノ調査、除外、認可ニ関スル件」（一〇月三〇日）、「国家神道、神社神道ニ対スル政府ノ保証、支援、保全、監督並ニ弘布ノ廃止ニ関スル件」（一二月一五日）、「修身、日本歴史及地理停止ニ関スル件」（一二月三一日）の四つの指令が矢継ぎ早に出され、教育の民主主義化を強力に推し進めようとした。

しかしながら、歴史的にみると、学校現場においては、一般的になおしばらく旧来の教育観、教育制度の残滓の影響を受けながら、次第に占領政策に基づく教育の民主主義化といったうねりの中に、急速に繰り込まれていくことになるのである。

以下に示す史料は、敗戦の翌日から一九四六（昭和二一）年三月に至る校務日誌の一部である。

表12から表30までの史料（抜粋）をみれば、敗戦によって勤労動員は、軍需工場の都合などでばらつきがあったものの、岡崎市役所への奉仕作業も含めて一九四五年八月二五日までには終了している（表13・表14）。その後、学校内での復興のための作業はあったが、九月（二学期）に入った七日頃から、適時作業を入れ込みながら、授業を開始した状況がよく窺える（表16・表18）。

表12

昭和二十年八月

十六日木曜日　天候晴

記事

朝礼	旗揭揚	終礼
有	ナシ	有

勤労動員情況

第二学年　美合工場
第三学年　幸田工場
第四学年　今村工場
実務科　美合工場

校内行事其他

第一学年　作業

表13

昭和二十年八月

二十日月曜日　天候晴

記事

朝礼	旗揭揚	終礼
有	ナシ	有

勤労動員情況

第二学年　午前中工場二十一日二十二日休ミ二十三日工場
第三学年　午前中工場解除式二十一日休ミ二十二日学校
第四学年　休業、二十一日工場出勤
実務科　第二学年ト同様
第一学年　四・五・六組工場解除式二十一日ヨリ登校

校内行事其他

一、○○教諭召集解除昨十九日ノ由御挨拶ニ来校
二、三日休養ヲ約ス　○○面接ス

表14

昭和二十年八月

廿五日土曜日　天候雨

記事

朝礼	旗揭揚	終礼
有	ナシ	有

勤労動員情況

校内行事其他

午前八時登校
実務科・四学年全部・三学年一部、市の仕事に奉仕
明二十六日日曜日ハ休ミトス

表15

昭和二十年九月

三日月曜日　天候曇

記事

朝礼	旗揭揚	終礼
有	ナシ	有

勤労動員情況

校内行事其他

一斉作業
本日ヨリ午前八時登校　一、三年
午后一時〃　二、四年
実務科

表16

昭和二十年九月

十七日金曜日　天候晴

事記

朝礼	有
旗掲揚	ナシ
終礼	有

勤労動員情況

午前
第三学年一・二時限作業、三時限授業○○先生
第一学年一時限授業○○先生、二・三時限作業

校内行事其他

午后第四学年一・二時限作業、三時限授業○○先生
第二学年一時限授業○○先生二・三時限作業
○○教頭○○教諭今村工場へ備品ノ無料譲渡ノ件ニ付キ交渉ニ赴カル

実務科生徒二名県庁へ連絡ノタメ出名

表17

昭和二十年九月

十日月曜日　天候晴

事記

朝礼	教室
旗掲揚	
終礼	有

勤労動員情況

午前
第四学年　西側馬壕埋メ　授業○○先生
第二学年　授業○○先生　中庭校舎農場化
午后
第三学年　東側馬壕埋メ
第一学年　中舎内農場化

校内行事其他

昼食后職員会議
一、報償金整理
二、今週ヲ増産蒔付週間トシテ授業ヲ之ニ向ケル
三、午后ハ十二時半始業トス
四、其他

表18

昭和二十年九月

十八日火曜日　天候晴

事記

朝礼	教室
旗掲揚	ナシ
終礼	各学級

勤労動員情況

校内行事其他

一、第一時　新任教務主任○○教諭新任式挙行
一、作業中止、本日全学年午前八時登校
一、第二時限以後各学年授業

昨晩暴風雨農作物ニ相当被害アリ

表19

昭和二十年九月

十九日水曜日　天候晴

事記

朝礼	学年別アリ
旗掲揚	ナシ
終礼	学年別アリ

定例職員会議

校内行事其他

一、大日本兵器幸田工場ヨリ左記物件搬入
生徒用机（二人用）弐拾五
同木椅子（二人用）五拾弐…（弐個誤搬入）
書棚　弐
事務用机　八
同椅子　八
小黒板　壱（誤搬入）
一、銃器調査ノタメ明大寺派出所ヨリ石井氏来訪ス
（明日○○教諭ニ調査依嘱直チニ報告ノコト）

一、○○教諭帰還（九月九日付解除）

表20

昭和二十二年十月一日	月曜日	天候晴	

職員	
欠勤	○○、○○、○○、○○、○○、○○、○○
出張	、○○、○○、○○、○○書記（会葬）

校長	教務主任	教務係

第　学期授業日数			
一年	二年	三年	四年

出欠状況

学年組	在籍	欠課	遅刻
四　甲	54	8	
四　乙	55	6	
四　丙	57	8	
四　丁	55	3	
三　甲	94	7	
三　乙	55	2	
三　丙	57	1	
三　丁	52	2	
二　甲	62	9	
二　乙	63	1	
二　丙	62	3	
二　丁	64	1	
一ノ一	57	2	
二ノ一	57	5	
三ノ一	55	4	3
四ノ一	54	6	
五ノ一	55	5	
六ノ一	57	2	2
計	1065	75	5

記事

実務科修了証書授与式（三八名参加一〇名欠）
一、職員生徒着席　（第一限授業及作業）
一、一同敬礼
一、宮城遥拝
一、修了証書授与
一、学校長訓辞　・式後修了生ニ対シ学校長ヨリ約一時間ニ亘リ訓辞
一、在校生総代送辞
一、修了生総代答辞
一、校歌斉唱
一、一同敬礼
一、職員生徒退場

翌日予定

教務	学校長授業（進駐軍ニ対スル心構ニ就テ）　県公報ノ回覧処理方決定ノコト
作業	機動作業実施ノコト（保健部主体）
其他	体力検査関係打合セ実施方手配（保健部）

注、この日より校務日誌の様式が右のように変更

校内行事に関してみると、なお敗戦前の行事を継承しており、一九四六年三月二六日の卒業式までの式典・祝日行事では、かならず「君ケ代斉唱」「勅語奉読」が、また時に「宮城遥拝」が行われていた事実はきわめて注目される（表20・表25・表30）。

敗戦を迎えて、当然のことではあるが、戦時中「教練」の教科などで使用した銃器類は、早速岡崎警察署を通じて供出したり（表24）、兵士として出征していた教師や、軍関係の学校に在籍していた者は、いわゆる復員して学校に戻っているが、一〇月早々には教師、生徒の復員状況調査が学校ごとに実施されている（表22）。

いっぽう、敗戦直後における我が国の食糧をはじめとした物資の欠乏などによる生活困窮は著しく、史料のなかには、校庭を耕して収穫した甘藷を市役所を通して供出したり（表26）、また旧軍需工場からは備品類をもらった記事がある（表16・表19）が、これらはそうした当時の窮乏した社会状況を、端的に示したものといえる。

表21

昭和二十年

十月二日火曜日　天候晴

記事

一、学級別掃除分担決定（保健部、○○、○○）
一、作業服各学級へ分配（○○）
一、連合軍進駐ニ関スル諸注意（第三学年、学校長）
一、○○○○教諭復員ス
一、訓育部会議
一、転入学
　二丙　○○○○（福島県安積中学ヨリ）

翌日予定

教務	作業	其他
学校長授業一年（進駐関係） 図書部会議		

表22

昭和二十年

十月三日水曜日　天候小雨

記事

一、全学年授業
一、卒業生○○氏訪問
（四年生二〇名午后一時ヨリ市役所ニ派遣器五〇ヲ譲受ク）
一、連合軍進駐ニ関スル注意、一年、四年（学校長）
一、職員会議
一、教職員及生徒復員状況調（在籍之）提出ス
一、二、四年生ニ作業着軍手ズボン配給教務

翌日予定

教務	作業	其他
通学団ノ編成 二年学校長授業		服装整備ニ関スル注意（訓育部）

表23

昭和二十年

十月十三日土曜日　天候晴

記事

一、四甲六所神社代表参拝（○○、○○○）
一、屋根修理人夫入ル（六人）
一、定例ヨリ遅レ午后二時半ヨリ職員室ニ於テアメリカ事情
　座談会

翌日予定

教務	作業	其他

表24

昭和二十年

十月十九日金曜日　天候雨

記事

一、文化部協議会（昼食時）
二、作業部会議（計画）
三、岡崎高女長来校
四、銃器本日供出ス（岡崎警察署）
　三八式歩兵銃一九、三〇年式歩兵銃一五、三八式騎銃四二
　村田式歩兵銃六六、擲弾筒四、軽機関銃五
　三〇年式銃剣七六、村田式銃剣二〇、計二四七点

翌日予定

教務	作業	其他
教務招魂祭代表参拝ノ件		

表25

昭和二十年

十一月三日土曜日　天候晴

記事	翌日予定		
	教務	作業	其他
一、明治節 職員生徒着席　一同礼、宮城遥拝 君ケ代斉唱、勅語奉読、学校長式辞、一同礼 二、○○○○○先生二○年勤続表彰式　校長挨拶、被表 彰者挨拶、記念品贈呈（生徒） 三、予科練服分配相談 四、工作隊式後床板修理	修、公民打合会		

表26

昭和二十年十一月

十五日木曜日　天候雨后晴

記事	翌日予定		
	教務	作業	其他
一、御親閲記念式打合会ニ○○教諭出席（於市役所） 一、体錬科委員会校長室ニ於テ開催 本校側学校長○○、○○、○ 一、芸能科打合会惟中へ○○教諭出張 一、本日雨天ニツキ作業中止 一、第六限三四年ノ上級講習会 一、市側ヨリ○○農商係長他二名来校○○教諭ト甘藷割当ニ 付懇談　本校供出量百五十貫ヲ土曜日ニ供出ト決定　本 校ニテ請渡ノコト	講演会（六限） 復員生徒座談会	四甲乙、一ノ一、二、三、二甲乙	

注、惟中は惟信中学を示す

表27

昭和二十一年

一月十五日火曜日　天候晴

記事	翌日予定		
	教務	作業	其他
一、御真影奉還書市役所ニ届出ヅ（○○教諭） 二、御真影八葉御奉還準備ヲナス 三、蒲郡派遣国語科（○○教諭） 四、○○教諭本日ヨリ出勤 五、今村工場ヨリ木製バケツ六○搬入（今村ノ生徒）	御真影奉還 国語科○○蒲郡へ		

表28

昭和二十一年

一月十六日水曜日　天候曇

記事	翌日予定		
	教務	作業	其他
一、始業前ニ御真影奉還 市役所　学校長捧持○○・○○教諭付添学 校長学校代表トシテ市長等ト出掛無事奉還終了 二、○○教諭蒲郡へ指導ニ出張 三、職員会議	物象科○○教諭蒲郡へ		

注、物象は現在の物理に当たる

なお、敗戦直後の占領軍と学校現場とのかかわりを垣間見る事がらとして、日誌の記録には、学校長自らが生徒に対して、占領軍の進駐軍に関しての諸注意を話したり（表20～表22）、一九四六年一月には、占領軍の教育政策の指令の一つとして有名な「修身、日本歴史及地理停止ニ関スル件」を受けて、修身、地理、国史の教科書や教授参考書、地図を至急回収している記述が含まれている（表29）。さらには御真影の奉還（表27・表28）など、いずれも具体的な実施年月日まで分かり、きわめて興味深い。

表29

昭和二十一年

一月二十四日木曜日　天候晴

記事	翌日予定
一、蒲郡出張指導　○○○、○○ 二、岩津農商　○○ 三、越冬鍛錬、一月二十八日ヨリ 四、修身・地理・地図・国史教科書、教授参考書至急回収ノコト 五、第一合同教室清掃徹底ノコト 六、各種通牒至急回覧認印ノコト 七、生活調査書 八、奨学資金希望者 九、教科書回収打合会二十八日(月)○○、○○、○○、○○	教務： 作業： 其他：

表30

昭和二十一年

三月二十六日火曜日　天候晴

記事	翌日予定
第四十八回卒業証書授与式次第　（午前九時ヨリ） 一、職員生徒着席 一、父兄着席 一、一同敬礼（一同起立） 一、君ケ代斉唱 一、勅語奉読 一、卒業証書授与 一、学校長訓辞（卒業生起立） 一、長官告辞（職員生徒起立） 一、卒業生総代答辞（卒業生起立） 一、一同敬礼 一、父兄退場 一、卒業生退場 一、各学年出席状況 終業式次第 一、一同敬礼 一、優等生氏名点呼（優等生起立） 一、学校長訓辞 一、一同敬礼 一、職員生徒退場（教室ニテ諸注意）（教科書筆写ノ件） 一、大掃除	教務： 作業： 其他： 四年 91.54％ 三年 94.33％ 二年 92.66％ 一年 94.84％

四　結語にかえて

本稿では、旧制愛知県岡崎中学校の校務日誌をとりあげて、太平洋戦争における敗戦直前・直後の記事を簡略に紹介し考察した。一校だけの記録であるため、わずか一部分の実態しか明らかにできなかったが、この日誌を通して、敗戦直前・直後なるがゆえの特殊というべき学校教育現場の次のような主な実情を、端的ではあるが理解ないし確認することができよう。

一、敗戦直前における勤労動員、農耕作業、軍事訓練、一年生の授業実施（一九四五年六月までの）等、戦時下特有の学校教育現場の実態が具体的に把握できる。

二、敗戦直後の、占領軍による徹底した教育政策により、第一次米国教育使節団（一九四六年三月来日）の報告書に基づく教育改革実施以前において、既に教育の民主主義化への移行に関連して行われていた進駐軍に対する心構えについての学校長講話、銃器類の供出、御真影奉還、修身・地理・国史などといった教科書類の回収等の実情が、年月日まで明白に確認できる。

三、一九四六年三月までを見る限り、学校行事などでは勅語奉読等まだ旧教育観の名残もみられ、新・旧の教育観の混在した時期があった事実が理解できる。

四、敗戦当時における社会の生活上の困窮さ、特に衣食の欠乏（例、衣服の分配、校庭で作った甘藷の供出等）が、学校教育にも深刻な影響を与えていた状況がよく分かる。

なおさらに、他校における同類の校務日誌が発掘され紹介されれば、いっそう詳細な実態が明らかになるであろう。この種の史料の更なる発掘が期待される。

第二章　愛知県最初の外国人教師A・イングリス

加藤詔士

一　地方お雇い外国人

明治のはじめ、愛知県に、一人の英国人教師がやってきた。「洋学校」の英学教師アレグザンダー・イングリス（Alexander Inglis）である。文明開化の時代に対応して、あたらしい人材を養成するために招かれたものである。彼こそ、愛知県最初の外国人教師である。少し遅れて着任したお雇いフランス人教師P・J・ムリエ（Pierre Joseph Mourier）とともに、外国の教育文化を教授するという期待にこたえた。契約期間は一八七一（明治四）年八月一日から一年半であったが、この間のかれの教育や生活ぶりについて、伝えられるところは少ない。

イングリスに限らず、一般に地方のお雇い外国人のなかには、その履歴や事跡の不明な者が多い。中央で活躍した人たちに比べればあまり華々しくなく、それだけに注目されることは少ない。けれども、実は、その地方の教育文化や産業技術の発展、それに先行する外国語教育や外国文化の普及のために尽くしたかれらの功績は、けっして小さくない。しかも、中央で活躍した諸氏のなかには、若いころ地元で学んでいたとき、外国人教師に教えを請い強い感化をうけた者が少なくない。そのような点で、地方お雇い外国人の功績は、もっと高く評価されなければならないように思われる。

二　お雇い外国人への関心

政府雇いであれ地方の公私雇いであれ、お雇い外国人への関心が高まって久しい。とくに明治百年をむかえるころ、日本近代化における隠れた功労者として注目され、たとえば、『お雇い外国人』シリーズ全十七巻が刊行された。やはり明治百年を記念して、ユネスコ東アジア文化研究センターによる総合的な調査も企画され、その成果は『資料御雇外国人』として上梓された。同書には、長大な「お雇い外国人名鑑」が収録されている。明治元年から二二年までに活躍した、史実の確かな官・公・私のお雇い外国人二二九九名のいわば基本台帳が作成されたことで、研究が一段と進展をみることになった。とくに地方で雇われた外国人に関する記録が整理され、収録されたことの意義は大きい(1)。

イングリスもこの「お雇い外国人名鑑」に所載されており、その記載事項をまとめると次のようになる(2)。見出しは、現代風の表記に従って「イングリス」とある。

氏名　インギリス《ママ》［アレキサンドル］
原綴　**Inglis, Alexander**
国籍　①英
雇主雇期間　①名古屋藩　②名古屋県学校（③四年八月一日―五年一月三一日、雇継五年二月一日より一ヶ年）
職種　①学術教授　②教師
給料　②月給二二五円
出典　①『太政類典』第一編（自慶応三年至明治四年七月）　②『太政類典』第二編（自明治四年八月至明治一〇年一二月）

イングリスは、名古屋藩学校ならびに名古屋県学校のお雇い英国人教師であったのである。この学校は、もともと名古屋藩が、「万国ト対峙スルニハ須ク海外ノ学ヲ修メ、広ク諸邦ノ政体・兵備・法律・商業その他百般ノ学芸ニ通暁スルノ要務」という趣意から、一八七〇（明治三）年六月に設けた「洋学校」を起源とする。翌年の七月に廃藩置県があって、名古屋県が引き継ぐことになった。同校では、すでに英学教師として東京府士族横瀬文彦、名古屋藩士加藤勝英らを、また仏学教師として東京府士族の林正十郎（欽次）、名古屋藩士辻輔らを招いて英学と仏学を教授していたが、なおも西洋文明の摂取につとめるため、外国人教師を招いて直接教えを請うことになった。その英学教師に招かれたのがイングリスであった。仏学教師にはP・J・ムリエが雇われた(3)。

名古屋県学校は、一八七二（明治五）年四月になると、県の廃合にともない愛知県学校と改称し、その後さらに、成美学校、愛知外国語学校、愛知英語学校、愛知一中などを経て、現在の愛知県立旭丘高校に至っている。それだけに、同校の学校史や『愛知県教育史』などには、かれにかかわる記述や資料があらわれている(4)けれども、なお判然としない点が残されている。同僚の仏学教師ムリエ(5)に比べると、どうも人物像がはっきりしない。素性、面影、お雇い期間中の生活ぶりや教育活動の実際など、不明のところが少なくない。

三　名古屋藩・名古屋県学校の英学教師

1　雇入出願と免状下付

イングリスが名古屋県学校に着任したのは、一八七一（明治四）年八月のことである。それに先立ち、名古屋藩は、政府の定めた雇用手続き(6)にならい、約定書草案を作成し、外務省に雇い入れの伺いを立てた。左記がその約定書草案の文面である[7]。

「外務省　弁官
御中
大坂在留
英国
アレキサンドルインギリス
右之者為学術教授名古屋藩地江雇入
度旨願出則御聞届相成候間例之通
免状可被相渡候也
辛未六月廿三日　」

この伺いは聞き届けられ、外務省から雇入免状[8]が交付された。その免状は、左記のとおり、「明治四年辛未六月」に下付され、発給番号が第百七号とある。給料は「一ケ月洋銀百五十元」、雇入期限は「明治四年辛未八月朔日ヨリ同五年正月晦日迄」、雇入場所は「神戸」と記されている。

名古屋藩雇　英国人
学校教師　アレキサンドルインギリス
第
百　給料　一ケ月洋銀百五十元

雇入免状

七
号

外務省

雇入期限　明治四年辛未八月朔日ヨリ
　　　　　同五年正月晦日迄
雇入場所　神戸

右雇中ハ已下例文
明治四年辛未六月　外務省

A.イングリスの

契約期間は、当初、この免状にあるように一八七一（明治四）年八月一日から翌七二（明治五）年一月末日までの六カ月であったが、さらに「壬申二月朔日ヨリ癸酉正月晦日迄一ケ年」の延長契約が結ばれた。この雇い継ぎについて、『公文録』には次のように記されている。名古屋県から申し立てをうけた文部省の伺（明治四年一二月一五日）の一節であり、雇い継ぎは「満期御暇相成候テハ生徒学業中絶致候ニ付」という理由からであったことが分かる(9)。

「右当八月朔日ヨリ壬申正月限御雇入相成候処満期御暇相成候テハ生徒学業中絶致候ニ付猶壬申二月朔日ヨリ向フ一ケ年月給二百廿五円ニテ御雇入満期御暇ノ節ハ支度旅費二百円御渡ノ積リ約条相結度趣同県ヨリ申出事情無余儀相見候ニ付尚一ケ年御雇継相成丈月給ノ儀ハ名古屋県公廨ヨリ支給候様仕度此段相伺候也」

右の伺いが聞き届けられ、向こう一カ年月給二二五円で雇い継ぐことが決まった。同僚の仏学教師ムリエの年額四〇〇〇元（月額にすれば約三三〇円）に比べれば少ないけれども、地方お雇い外国人としてはずいぶん高額であった。名古屋の物価指数でいえば、一八七一（明治四）年一一月中旬、一円で米二斗九升（四三・五キロ）が買えたというから、イングリスの高給ぶりが分かる。ちなみに、日本人の英学教師で、最高給であった横瀬文彦でも月給百円であった。二等教授は二〇円、一等助教のばあいは一〇円であった(10)。

しかも、高給であるうえに、愛知県から文部省に報告された洋学校の経費に関する文書には、月給のほかに、食料費として二百円、「神戸港ヨリ県地まで旅費来往共金二百円つゝ別段相渡」ともある(11)から、ずいぶん厚遇されたものである。

2　イングリスに学んだ人びと

イングリスが招かれた学校は、名古屋の七間町、旧尾張藩寺社奉行屋敷跡に設立された。名古屋城のすぐ南、東海郵政局のあるあたりである。その東海郵政局の西南の一隅にいくと、「愛知県立第一中学校開校跡」としるされた記念碑がある。ここが、愛知一中の前身である名古屋藩立の「洋学校」が誕生した地なのである。同校では、英学と仏学のそれぞれについて、専門と普通の二科がおかれ、語学をもっぱら教授する正則と意義の講習をもっぱらとする変則とがあった。

ここでのイングリスは、どのような教師ぶりであったのか。このころ、同校に通いイングリスに学んだ人たちにかかわる文献に、かれの面影を伝える記述がある。たとえば、服部総吉(のちの総理大臣加藤高明)の関係書によれば、イングリスは、同僚の仏学教師ムリエと同じように、「ひょうきんな教師で名古屋言葉をたくみに操って授業に飽きさせることがなかった」という。二人とも、とても厚い待遇にこたえて、「余るほどの熱意をパフォーマンスで見せただけでなく、両国のよさを存分に伝えた」のだった。しかも、当時の外国人教師にしばしばありがちな特権をふりかざすこともなかっただけに、服部総吉はイングリスの使う英語まで好きになり、これが「後に英国好きになる、小さな一歩だった」というのである(12)。イングリスの人物像にかかわる興味深い記述であるのだけれども、これを裏づける確かな史料となるとどうにも不確かである。

服部総吉が同校に学んだのは、一八七二(明治五)年の末から約一年間であった。この間、カッケンボスの理学初歩、ゴールドスミスの地学初歩、パーレーの万国史、そのほか英語で書かれた算術書などを習った。「上級生にはイングリス教授が、サンダーのリイダーを講義したが、下級生は、開成所版の会話篇や単語篇（日本紙に木版刷）を暗誦するのが主たる課程であった。仲間は暗記した単語の数を競ひ合つた」(13)ものだった。

このうち、ゴールドスミスの地理初歩とは、I. Goldsmith, ***A Grammar of General Geography, for the Use of Schools and Young Persons with Maps & Engravings***（Longmans, London, 1870）のことである。同校を前身とする愛知県立旭丘高校の図書館には、同書の増補版が所蔵されており、見返しには確かに「名古屋藩学校之印」が押されてある。「横浜弁天通九十三番ハルトリー」との印影も認められるから、同書はハルトリー商会（J. Hartley & Co.）という輸入業者を介して購入されたことが分かる(14)。

また、イングリスが使用したというサンダーのリイダーというのは、C・W・サンダース（Charles W. Sanders）によるいわゆる『ユニオン読本（*Sanders' Union Reader*）』のことであろう。第一読本から第六読本まであり、上記の旭丘高校の書庫にも一八六〇年代の刊行本が三冊残ってはいる。ただし、蔵書印はイングリス時代のものではなく、少し後の愛知外国語学校や愛知英語学校の印影である(15)。

イングリスの教師像を伝える確かな史料は見いだしえないが、かれに教えをうけた生徒のうち、教師になった者が何人かいたことが注目される。

その一人、三重県員弁郡の出身である服部翼は、同校で修学ののち、一八七二（明治五）年二月から、同県三重郡四日市の東陽寺（現在は四日市市中部）内に泗水義塾という私立英学校を設立し、後進の指導にあたった(16)。

渡辺勝という英学者のばあいは、静岡県の豆陽学舎（豆陽学校）で教壇に立った。かれは名古屋の出身であり、本校では、「明治四年ヨリ六年迄三ヶ年修業　助教の辞令アリ」といわれる。その後、一八七四（明治七）年に上京し、まず工部大学校で英学を学び、ついで東京都芝区でワッデルという教師について学んでいたが、一八七九（明治一二）年に静岡県賀茂郡蓮台寺村に豆陽学舎（静岡県立下田北高等学校の前身）が設立されると、招かれて教えたものである。同学舎の創立者・依田佐二平の弟とワッデルのところで知り合いになったことが機縁で、やって来ることになった。ワッデルとは、東京の葺手町二一番地にあった古瀬学校のお雇い英国人英語学教師のH・ワッデル（Hugh Waddell）と考えられる。雇い主は愛知県士族・古瀬清寧であった(17)。

もう一人、イングリスに学んで名をなした人物に幾松景義がいる。のちの野呂景義である。名古屋藩の家老職の家に生まれ、名古屋県学校ではとくに英学を修めた。イングリスの助手役もつとめている。その後、前出の服部総吉とともに藩から選抜されて上京し、開成学校に入学する。同校の後身である東京大学理学部を卒業してから、ロンドン大学とフライベルク鉱山大学に留学。帝国大学工科大学教授をへて、近代的製鐵業の発展に貢献し、日本鉄鋼協会という専門学会の組織化に尽力してもいる(18)。

四　愛知県最初のお雇い教師

イングリスは愛知県（名古屋藩・名古屋県も含む）最初のお雇い教師であったということについても、検討すべき課題となる。ユネスコ東アジア文化研究センターの作成になる前出の「お雇い外国人名鑑」から、愛知県内のお雇い外国人を選びだすと次表の一四名を数え、これを見ると、ムリエこそ愛知県最初のお雇い教師ではないかと思われるからである。

氏　名（原綴）	国 籍	雇主・雇期間
モリー ムリエ （P. J. Mourier）	仏 仏	名古屋藩 4年4月より2ヶ年 文部省（愛知県） 4年8月1日～6年9月21日
イングリス （A. Inglis）	英	名古屋藩、名古屋県学校 4年8月1日～5年1月31日 雇継5年2月1日より1ヶ年
ヤングハンス （T. H. Younghaus）	米	愛知県、医学講習場 6年5月1日より3ヶ年
レーザム （H. Latham）	米	愛知英語学校 7年5月21日より1ヶ年
カイル （O. Keil）	米	愛知外国語学校・愛知英語学校 7年10月21日～10年2月15日
フリーム （W. H. Fream）	英	愛知英語学校 8年5月15日～10年2月15日
グッディング （J. Gooding）	英	愛知英語学校 9年2月16日～11年2月15日
フォン・ローレツ （A. Von Roretz）	墺	愛知県公立病院・公立医学校 9年5月1日～13年4月30日
マクレラン （J. A. MacLellan）	米	愛知英語学校・愛知県中学校 ～12年7月15日
マクレラン （G. A. MacLellan）	米	愛知英語学校・女範学校 9年6月1日～12年7月20日
ウォルフ （C. H. H. Wolff）	米《ママ》	愛知英語学校 9年9月1日～10年2月15日
金士恒	清	愛知県下水野治平衛 10年2月15日～12年9月15日
胡　璋	清	愛知県民士族大沢五助 13年4月～
鄔誠祥	清	愛知県下酒井佐平衛 18年7月28日～19年6月

ムリエについては、早くも「明治四年（一八七一）四月に仏国コンシュル（領事）と名古屋藩の大参事等との間に……条約（雇用契約）が結ばれている」ことが、知られている(19)。続いて、名古屋藩は、同月の一五日および二〇日付けで外務省へ雇入伺を出した。『太政類典』にはそれを記した記録がみられ、「名古屋藩ヨリ別紙ノ通伺出候間御省ニオイテ得ト御取調ノ上見込御申越可有之尤右条約書面中宇津宮義綱御用ニ付明後十七日上坂致シ候由右以前ニ御聞届相成度情実申出候間不御即答有之度操ニモ御懸合申入候也　四年四月十五日　別紙伺書欠」とある(20)。また、『公文録　名古屋藩之部』には、「仏人モリ《ママ》ー雇入ノ儀伺」と題して、「同人儀名古屋藩へ二ケ年之間学術教授ニ雇入度旨願之通御聞届相成候間為御心得此段申入候也　未四月二十日」と記されている(21)。

しかしながら、外務省から許可がおりたのは、実は七月になってからであった。左に掲げるように、雇入免状の発給期日は「明治四年辛未七月」とあり、発給番号は一二〇番とあるのである(22)。したがって、ムリエを雇いたいという名古屋藩から外務省への願い出はイングリスの場合よりも早く、しかも、名古屋藩とフランス領事との契約は四月という早い時期に取りかわされていたけれども、雇入免状の発給はイングリスよりも一カ月遅かった、ということになる。

名古屋県雇　佛国人
学校教師　ムリエ
未四十二年
第百廿号
外務省
給料　壱ケ年金四千両
雇入期限　明治四年辛未八月朔日ヨリ
同六年癸酉七月晦日マテ
雇入場所　横浜

ムリエの雇入免状

右雇中ハ已下例文
明治四年辛未七月
外務省
P. J.

外務省による雇入免状の発給期日ということのほかに、もう一つ、愛知県にやって来た期日についても、イングリスの方が早かったという当時の記録がある。地元に残る二つの見聞録には、期日がいくぶん違ってはいるが、どちらの記録ともイングリスの方が早く赴任してきたと記されている。まず、細野要斎『葎の滴見聞雑劄』には、「八月六日英人アレキサンドル、インキリス名古屋ニ着　伝馬丁中嶋屋ニ宿」、「同十日仏人ムリヱイ同着　七間町信濃屋ニ宿」と記されている(23)。山田千疇『椋園時事録』においても、八月「五日英人着　天馬町中甚明家旅宿」とあり、八月十三日「仏人昨日夕来ルヨシ風説」と記されているのである(24)。これらの見聞録の記述は旧暦＝和暦であるから、これを新暦＝陽暦でいうと、イングリスの着任は一八七一年九月の一九日か二〇日、ムリエの場合はそれよりも四日ないしは七日遅かった、ということになる。

右のような中央文書ならびに地方資料によるかぎり、愛知県、正確にいえば名古屋県に雇用免状が下付された時期についても、また実際に愛知県に赴任した期日についても、イングリスの方が早かったのである。これ以前には、ほかに外国人教師が雇い入れられたという記録は認められないので、イングリスこそ愛知県最初の外国人教師であった、と考えられる。

五　イングリスの面影

イングリスはどのような面影であったのか。先頃、筆者は、一枚の写真を検討し、かれこそイングリスであろうという見解をもつに至った(25)。その写真は、東京都港区立港郷土資料館が所蔵する井関家文書のなかにある。井関家文書とは、一九八一（昭和五六）年に井関盛艮《もりとめ》（一八三三～一八九〇）の子孫から寄贈された史料群をいう。当初、港区教育委員会で受領したのち、翌年の四月に開館した港郷土資料館に所蔵されることになったものである。

史料は、大別して、系譜類五点、由緒書・年譜五点、過去帳・祭祀関係六点、勤務関係四点、簿冊断片など三点、それに人物写真約二三〇葉から成っている(26)。このうち、人物写真については、すでに同資料館編『写真集　近代日本を支えた人々　井関盛艮旧蔵コレクション』(27)として刊行されている。井関盛艮が収集した、幕末および明治期における人物写真集であって、問題の写真もこの『写真集』に収録されている。その写真の主がイングリスであろうと考えるに至ったのは、次のような理由による。

第一に、井関盛艮はイングリス在任中の愛知県権令であったことである。井関はもと宇和島藩士で、一八六六（慶応二）年には、藩の貿易事業の総責任者として、長崎で活躍した。そのころ、英国の外交官E・サトウ（Ernest Mason Satow, 一八四三～一九二九）と接触し、サトウ著『一外交官の見た明治維新』のなかには、井関斎右衛門の名前で登場する。「私は数名の宇和島の藩士と知りあった。その中の最も重要な人物は、後年天皇《ミカド》の治世の初年に横浜の知事になった井関斎右衛門《サイエモン》であった。」と書きとめられている(28)。この井関斎右衛門こそ、井関その人である。維新後は、明治新政府に出仕し、外国官判事をへて、神奈川県知事、宇和島県参事などを歴任したあと、一八七一（明治四）年一二月から一八七三（明治六）

年五月まで名古屋県権令および愛知県権令をつとめている。この時期にイングリスが名古屋県学校に雇い入れられていたことから、井関家文書のなかにかれの写真があっても不思議ではない。

井関は愛知県を離れてからも、島根県権令（のち県令）となり、一八七六（明治九）年に病気で辞職するまで、地方行政にたずさわった。その後は実業界に転じ、第二十国立銀行取締役、東京株式取引所頭取などを歴任している。

井関といえば、神奈川県知事時代に、新時代に即応したあたらしい施政をいくつか打ちだし、数々の事業を指導したことが特筆される。東京往復馬車会社の創立、外国人居留地山手遊園の開設、梅毒病院の建設と娼妓の検査、電信機の架設、洋食店の設置などである。『横浜毎日新聞』という日本最初の日刊新聞を発刊したのもこの時である(29)。

問題の写真の主がイングリスであろうと考える第二の理由は、写真の裏書きによる。その写真は縦一〇・六センチ、横が六・四センチある。このサイズから推測すると、名刺がわりに使われていたと思われる。色はあせていていささか黄みがかっており、左下すみが少し欠損している。写真の人物はやや面長で、口ひげをたくわえ、びんは長くのび、精かんな面構えである。その写真の裏面をみると、

「Alex. Inglis, 2d April 1872」

と明記され、しかも、「To M. Izeki」と書き添えられているのである。一八七二（明治五）年四月二日といえば、名古屋県英学教師としての契約二期目の春にあたる。このことから、井関盛艮に贈られたイングリスの写真と思われるのである。

しかも、この裏書きはイングリスの直筆と考えられる。イングリスのほかの署名と比べてみると、筆跡がきわめて類似しているからである。その署名は、名古屋へ赴任したさいに記した書状に認められる。縦八寸五分、横六寸七分の紙面に、洋学校の書記であった安藤亀次郎が「大坂から名古屋まで付き添ってきてくださった」と記し、次のような文面になっている(30)。

「This is to certify that
Ando Kamizera《ママ》 escorted me from Osaka
to Nagoya in September 1871.
That during the journey, I
found him most attentive & obliging,
& thoroughly trustworthy.

Alex Inglis

Nagoya, Owari,

12 March 1872」

右の書状にあるように、それまでイングリスは大坂にいた。当時の人名録によると、「清日商社（China & Japan Trading Company）」の大坂店に勤めていた。雑貨の輸入と卸売、委託代行、せり売りを業務とした商社であって、大坂中之島四丁目にあった(31)。現在でいえば、土佐堀川の常安橋から筑前橋まであたりの右岸、大阪市立科学館のあたりである。そこから請われて名古屋に赴任してきたのである。

来名の期日について、先の『葎滴見聞雑箚』では八月六日になっているのに、この書状では九月とある。これは、先記のように、『葎滴見聞雑箚』は和暦での表記であるのに対し、これを陽暦でいえば九月二〇日にあたるという事情による。

最後に、もう一つ、井関家文書のなかには、わがイングリスと思われる表記をふくんだ史料がある。『雑誌』と題した和装本がそれであって、盛艮が歴任した職務にかかわる記録が収められている。「盛艮が明治に入ってから書き記したもの」といわれる(32)。

この『雑誌』のなかに、「維新前京摂間諸藩士周旋方ト称シ四方ニ奔走尽力セシ内交接シタル人名其他面識者ヲ左ニ掲ク」として、三六〇名ほどの名前が列挙されている。ここには坂下良馬（坂本龍馬）、高杉晋作、後藤象次郎（象二郎）、大隈八太郎（重信）、大久保利通、伊藤俊輔（博文）、井上聞多（馨）、さらには岩崎弥太郎、五代才助（友厚）などといった、幕末維新期の重要人物の名前が認められる。しかも、これに加えて、外国人も二五名あがっており、井関の交友の広さがうかがわれる。外国人のなかには、英国の「公使　パルリパークス」や「医　ヰイリス」、「英人通弁　サトヲ」という表記がみえる。かれら外国人の欄の最初に、「英国　アレキサンデル」と書きこまれているのである。この人もまた、井関の経歴からすると、わがアレグザンダー・イングリスを指すと考えていいであろう。

以上のような次第で、問題の写真の主はわがイングリスと考えられる。

【注】

(1)『お雇い外国人』全十七巻、鹿島研究所出版会または鹿島出版会、一九六八〜一九七六年。ユネスコ東アジア文化研究センター編『資料御雇外国人』小学館、一九七五年、二〇一—四九三頁。

(2) ユネスコ東アジア文化研究センター編、同右、二一九頁。

(3) 愛知県教育委員会編『愛知県教育史』第三巻、愛知県教育委員会、一九七三年、二九—三一、六一—六二頁。

(4) 鯱光百年史編集委員会編『鯱光百年史』一九七七年、二—五頁。愛知県教育委員会編、同右、第一章第三節、など。

(5) 拙稿「司法省お雇いフランス人教師P・J・ムリエ」上・下『書斎の窓』№四五三（一九九六年四月）五九—六八頁、№四五四（一九九六年五月）五五—六三頁。竹内博編著『来日西洋人名事典　増補改訂普及版』日外アソシエーツ株式会社、一九九五年、四八三—四八四頁、参照。

(6) 一八六八（明治元）年八月には、政府は「諸藩が自由に外国人を雇用するのを禁じ、雇用のさいは、外国官（外務省の前身）に出願のうえ、その指図を受けるよう達した」。さらに、「一八七〇年（明治三）五月十九日の太政官布告、および翌七一年六月十八日の弁官達をもって、諸官庁、民間を問わず、外国人雇い入れのさい、『約定書草案』を外務省（一八六九年七月八日設置）へ提出し、その検査を経たのち、『免状』を同省から受けることに定め」ていた。梅溪昇『お雇い外国人 ①概説』鹿島研究所出版会、一九六八年、一二三―一二四頁。

(7) 名古屋藩伺「英人アレキサンドルインギリス雇入ノ儀願」『公文録 名古屋藩之部 全 自己巳六月至辛未七月』所収。

(8)『外国人雇入鑑 第二巻 自明治五年一月至同年九月』所収。

(9) 文部省伺「元名古屋県学校教師御雇継ノ儀ニ付伺」『公文録 文部省の部 坤 辛未 自十一月至十二月』所収。

(10) 愛知県教育委員会編、前出、六五―六六頁、その他。

(11)『正院諸省伺届』、同右、六五頁より再引。

(12) 寺林峻『凛冽の宰相 加藤高明』講談社、一九九四年、四一頁。

(13) 小林正雄編註『加藤高明』上、加藤伯伝記編纂委員会、一九二九年、一〇八頁。

(14) 蔵書番号二九〇―ゴ。

(15) 蔵書番号三七五―サ―四、三七五・九―ユ―四、三七五・九―サ。

(16) 西田善男『明治初期における三重県の外語学校』三重県郷土資料刊行会、一九七二年、一二四―一四八頁。三重県総合教育センター編『三重県教育史』第一巻（三重県教育委員会、一九八〇年）二六五―二七一頁。

(17) 小林正雄編註『渡辺勝・カネ日記』（『帯広市社会教育叢書』№7、帯広市教育委員会、一九六一年）二一―三頁。下田北高百年誌編纂委員会編『百年のあゆみ、豆陽中・下田北高』一九八一年、第一章など。

(18) 飯田賢一『人物・鉄鋼技術史』日刊工業新聞社、一九八七年、七五―九六頁。同「技術史断章、工学博士野呂景義につらなる人びと」『IE』二一巻五号（一九七九年四月）九八―一〇三頁～二三巻九号（一九八一年九月）九四―一〇二頁、参照。

(19) 愛知県教育委員会編、前出、六二―六三頁。

(20)「名古屋藩仏国人モリーヲ雇用ス」『太政類典 第一編 自慶応三年至明治四年七月』第五十七巻、所収。

(21)「仏人モリー雇入ノ儀伺」『公文録 名古屋藩之部 全 自己巳六月至辛未七月』所収。

(22) 前掲の注（8）に同じ。

(23) 細野要斎『葎の滴見聞雑箚』廿五（一八七一年）五〇丁。

（24）山田千疇『椋園時事録』巻四〇（一八七一年）九三—九四丁。

（25）拙文「愛知県初の外国人教師 イングリスの面影を求めて」『中日新聞』一九九九年七月二九日（夕刊）参照。本稿、とりわけ本節は同稿と重複するところがある。

（26）藤井康「収蔵資料の紹介 井関《いせき》家文書」、港区立港郷土資料館『資料館だより』二六号（一九九四年一一月三〇日）三頁。

（27）東京都港区立港郷土資料館編『写真集 近代日本を支えた人々 井関盛艮旧蔵コレクション』東京都港区教育委員会、一九九一年。

（28）E・サトウ（坂田精一訳）『一外交官の見た明治維新』上、岩波文庫、一九九四年、二〇九頁。

（29）寺田篤弘「井関盛艮」、富田仁編『事典 近代日本の先駆者』日外アソシエーツ、一九九五年、八三—八四頁所収。木村信子「わが国初の日刊紙を出した井関盛艮」、牧野昇ほか監修『日本の『創造力』』第二巻（日本放送出版協会、一九九三年）三一一—三二一頁所収。川崎宏「井関盛艮のこと」『みなみいよ』八号（一九六三年一〇月）二一—二三頁、ほか参照。

（30）市立名古屋図書館編『郷土教学展覧会図録』市立名古屋図書館、一九四〇年三月、三二頁所収。

（31）*The Chronicle & Directory for China, Japan, & the Philippines, for the Year 1871*. Hongkong, p.93; *The Chronicle & Directory for China, Japan, & the Philippines, for the Year 1870*. Hongkong, p.269 その他。

（32）前掲の注（26）に同じ。

第三章　近代学校の設立

――愛知県下稲沢地域――

篠田　弘

一　学校の設置と学校区域

一八七二（明治五）年の「学制」発布後、政府は府県に対し、学校を設置するため学区を設定することを督促した。愛知県は、全国七大学区のうち第二大学区に属したが、一八七三年五月に至り学区の設定に着手した。政府の方針に従い、一中学区人口一三万人、一小学区人口六〇〇人を標準として、愛知県下を一〇中学区、二、一〇〇小学区に区分した。しかし、学区の設定に際しては、当時の一般行政区画を基盤としており、一中学区の構成は一郡ないし二、三郡からなり、一小学区の構成は概ね二、三村からなっていた。また愛知県では、一時期に二、一〇〇校の小学校を設置することは不可能であるとして、まず六〇〇校の小学校を設置することとした。学区の設定に際し、中島郡は葉栗郡と合併して第四中学

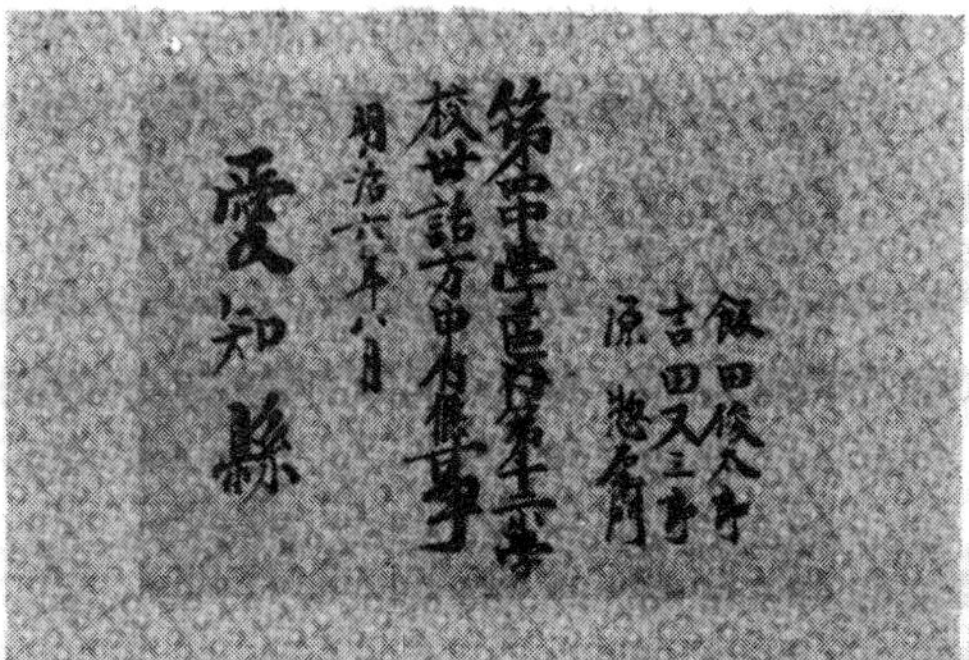

小学校世話方の辞令（飯田俊郎氏蔵）

区と定められた。同中学区の人口は一一三，八二八人であり、一小学区平均人口は約五四二人であった。下に、第四中学区内第十二番小学校の小学校世話方の辞令を示す。

愛知県では、学制の発布以後、学制に定める小学校を設置する前段階として、まず「義校」を普及することを意図しており、この時期にはすでに四三〇校の義校が設置されていた。中学区別小学校配置計画によれば、県下六〇〇校の小学校のうち第四中学区には五九校の小学校の設置が計画されたが、当時すでに五二校の義校が設置されていた(1)。

このようにして、愛知県では一八七三年末までに、計画より多く六五〇校の小学校が設置された。中島郡には五三校の小学校が設置されており、その中で稲沢地域に関係して設置された小学校は表Ⅰに示すとおりである(2)。

「愛知県史料　政治部」（内閣文庫　一八七六年）には、公私立中・小学校の校名・位置・開業年月が記されているが、稲沢地域に関係する公立小学校について地区別・開業年月日別にみれば次のようである。

稲沢地区

時習学校（一八七三年九月一日）　不朽学校（同一〇月五日）　知新学校（同一〇月一二日）　研道学校（同一〇月一八日）　稲島学校（同一〇月一八日）　明誼学校（同一〇月一九日）　貫練学校（同一一月二〇日）

明治地区

保教学校（一八七三年九月九日）　行余学校（同九月二五日）　臥龍学校（同一〇月七日）　作新学校（同一〇月一〇日）

千代田地区

明倫学校（一八七三年八月一五日）　時雍学校（三宅村　同九月二五日）　時雍学校（目比村　同一〇月二日）

大里地区

賢増学校（一八七三年九月一一日）　揮毫学校（同一〇月二一日）　教誼学校（同一一月五日）

表1—稲沢地域における公立小学校の設置と学校区域

学校名称		創立年月日	学校所在地		学校区域
			現町村名	旧村名	
第12番	小学知新学校	明治6年10月12日	稲沢町	稲葉村　禅源寺	稲葉村
番号不詳	文友学校		同	小沢村　崇福寺	小沢村，高御堂村，松下村
番号不詳	稲崎学校	同年10月18日	同	稲島村　因性寺	稲島村，木金村，石橋村
第25番	小学時習学校	同年 9月 1日	同	横地村　寿福寺	横地村，桜木村，重本村
第13番	小学貫錬学校	同年11月 7日	同	大塚村　性海寺	池部村，大塚村，小寺村，平野村，梅須賀村，矢合村，船橋村
第8番	小学不朽学校	同年	同	下津村　頓乗寺	下津村，赤池村
第9番	小学明誼学校	同年2月	同	長野村　万徳寺	長野村，陸田村，小池正明寺村，長束寺，治郎丸村
番号不詳	研道学校	明治6年	大和村	於保村　地蔵寺	子生和村，鳥村，氏永村，於保村
第27番	小学行余学校	明治6年9月1日	明治村	片原一色　善応寺 性厳寺	片原一色村
番号不詳	日新学校	明治6年9月	同	天池村　大願寺	天池村，竹腰村，西御堂村，浅井村
第21番	小学保教学校	同年9月	同	横野村阿弥陀堂 清水府村	西島村，生出村，横野村，清水村，築込村，戸苅村
第16番	小学臥龍学校	同年9月	同	山口村	山口村，平村，中野村，馬坊村，儀長村，法華寺村，下屋村
第19番	小学時擁学校	同年5月	同	三宅村　延命寺	三宅村，東城村，須賀谷村，板葺村，今村，西溝口村
第15番	末学明倫学校	明治6年	千代田村	福島村　長庁寺	福島村，堀之内村，野崎村，千代村，附島村，牛踏村
第16番	小学修進学校	同年	同	目比村	井堀村，南北麻績村，永室村，坂田村，目比村
第5中学区					
第34番	小学先城学校	同年	同	古美野村	古美野村外第五中学区ノ一部
第14番	小学教員学校	明治6年11月	大里村	中之庄村	中之庄村，堀田村，七ツ寺村，高重村，北島村
番号不詳	揮毫学校	同年11月	同	奥田村　康勝寺	奥田村，井之口村
第10番	小学賢増学校	同年11月	同	日下部村	西市場村，日下部村，増田村，六角堂村，北市場村

表2—1874（明治7）年　稲沢地域公立小学校表

名称	学科	位置	設立	教員		生徒		1月毎生受業料		扶助金配当高		主者
				男	女	男	女	円	銭厘	円	銭厘	
研道学校	小学	尾張中島郡於保村	明治6年	3	…	120	27	…	…	…	…	原所次右衛門
不朽学校	同	同　下津村	同	3	…	19	34	…	9	…	…	森部 長三郎
明誼学校	同	同　長野村	同	3	…	84	39	…	9	…	…	同
揮毫学校	同	同　奥田村	同	5	…	155	52	…	9	…	…	同
稲島学校	同	同　稲島村	同	3	…	96	35	…	…	…	…	原所次右衛門
知新学校	同	同　稲葉村	同	3	…	69	28	…	…	…	…	山田 市三郎
貫練学校	同	同　大塚村	同	3	…	72	32	…	…	…	…	伊藤佐右衛門
教誼学校	同	同　中之庄村	同	3	…	152	31	…	…	…	…	伊東 喜十郎
明倫学校	同	同　福島村	同	3	…	154	47	…	…	…	…	住田真一
時雍学校	同	同　目比村	同	2	…	87	10	…	…	…	…	大角弥平
賢増学校	同	同　日下部村	同	3	…	96	56	…	…	…	…	奥田 代三郎
時雍学校	同	同　三宅村	同	2	…	116	16	…	…	…	…	大角弥平
時習学校	同	同　横池村	同	4	…	150	57	…	…	…	…	平林清右衛門
臥龍学校	同	同　山口村	同	3	…	81	38	…	…	…	…	近藤 甚三郎
行余学校	同	同　片原一色村	同	4	…	99	18	…	…	…	…	杉村幸助
作新学校	同	同　天池村	同	3	…	69	64	…	…	…	…	伊藤 寓次郎
保教学校	同	同　横野村	同	3	…	109	32	…	…	…	…	加藤紋右衛門

（『文部省第2年報』による）

一八七三年に稲沢地域に関係して設置された公立小学校は、表1によれば一九校であり、その中で、研道学校（於保村）および小学時雍学校（三宅村）は、稲沢地域の外に設置されたが、稲沢地域の一部を学校区域に含むものであり、小学先城学校は、稲沢地域の中にあったが、第五中学区第三四番小学として設置されたものであった。同表にある学校名称の中で、稲崎学校は稲島学校の誤りであり、小学教員学校は教誼学校の誤りであろう。また、日新学校は、「愛知県史料」や『文部省第二年報』においては作新学校となっており、修進学校は時雍学校となっていて学校名称が異なっている。なお、文友学校については、「愛知県史料」には記載されていない。表1にある学校の創立年月日についてみると、それが明確でない場合が多く、また「愛知県史料」と異なる場合が多い。学校の設立年月日が参照する資料により異なるのは、義校の設置や開業、小学校の設置や開業等の年月日が混同されているのも一つの要因である。

二　学校の概容

『愛知県寺子屋一覧』（愛知県教育委員会　一九七三年）によれば、稲沢地域には一一三校の寺子屋が設けられていたが、一八七三年に小学校を設置する際に、一〇校の小学校が寺子屋を継承する形で設置されているという。これは、稲沢地域に設置された小学校の約六割にあたり、寺子屋と小学校の関連の一端を示すものといえよう。

表2は、一八七四（明治七）年当時における稲沢地域に関係する公立小学校の概表である。これにより当時の学校規模の大略が知られよう。なお、文友学校および先城学校については記載されていない。

小学校は、発足当時は寺院に設置される場合が多くみられた。愛知県における一八七五年当時の校舎は、六七七校のうち寺院（旧寺院を含む）が四三一校で全体の六三・七％を占めた(3)。中島郡についてみると、四七校のうち寺院が三五校であり全体の七四・五％を占め、残りは民家八校、旧藩校一校であり、新築は三校に過ぎなかった。稲沢地域に関係する学校については、第1表を併せ考えれば、一八七三年の発足当時において、全ての学校が寺院に設置されたとみられる。

愛知県において、一八七五年までに校舎を新築していた学校は四六校に過ぎない。これは、学校設置の資金が学区住民の負担であったことが大きな要因であろう。一八七七（明治一〇）年に、中島郡山口村に馬場学校が新築された。これは、学校区域内各村の寄付によるものである。下にその「学校建築願」を示す。当時の馬場学校は、教員二名、生徒一一八名（男子一〇〇名・女子一八名）であり中規模の学校であった。

発足当初、寺院や民家等に設置された学校は、やがて就学者の増加や借用していた寺院や民家の返

学校建築願

第四中学区内第六十五番小学
馬　場　学　校

右者今般資金増補設立之儀別紙ニ奉願候ニ付而者図面之通設築仕度尤入費之儀者村々ヨリ寄附仕落成之上人名金額共御居可申上候間御許可之儀奉願候也

明治十年二月

中野村用係
川　村　林　七㊞
組長　伊　藤　理　兵　衛㊞
同　星　野　喜　八㊞
同　吉　川　伊　左　衛　門㊞
同　宮　崎　文　左　衛　門㊞
同　桜　木　弥　八㊞

法花寺村用係
桜　木　佐　十　郎㊞

愛知県令　安　場　保　和　殿

却の必要等により、さらに大きな建物にまた別の建物に「転校」する必要が生じてきた。これは校舎新築への過渡的な形態といえるが、愛知県において一八七七年には三四校の「転校願」がだされている。明治一〇（一八七七）年代の後半になると多くの学校が校舎を新築するようになり、一八八四（明治一七）年には、愛知県全体の学校の六六・五％が学校独自の建物をもつに至った。次に、表3として一八八四（明治一七）年の稲沢地域公立小学校表（屯倉学校を合む）を示しておく[4]。これにより当時の小学校の概要が知られよう。

本稿は、『新修　稲沢市史』（研究編六　社会生活下）＜一九八二年＞を構成する「第Ⅴ部　教育」の第一章の一部を改稿したものである。詳しくは、そちらをご参照いただきたい。

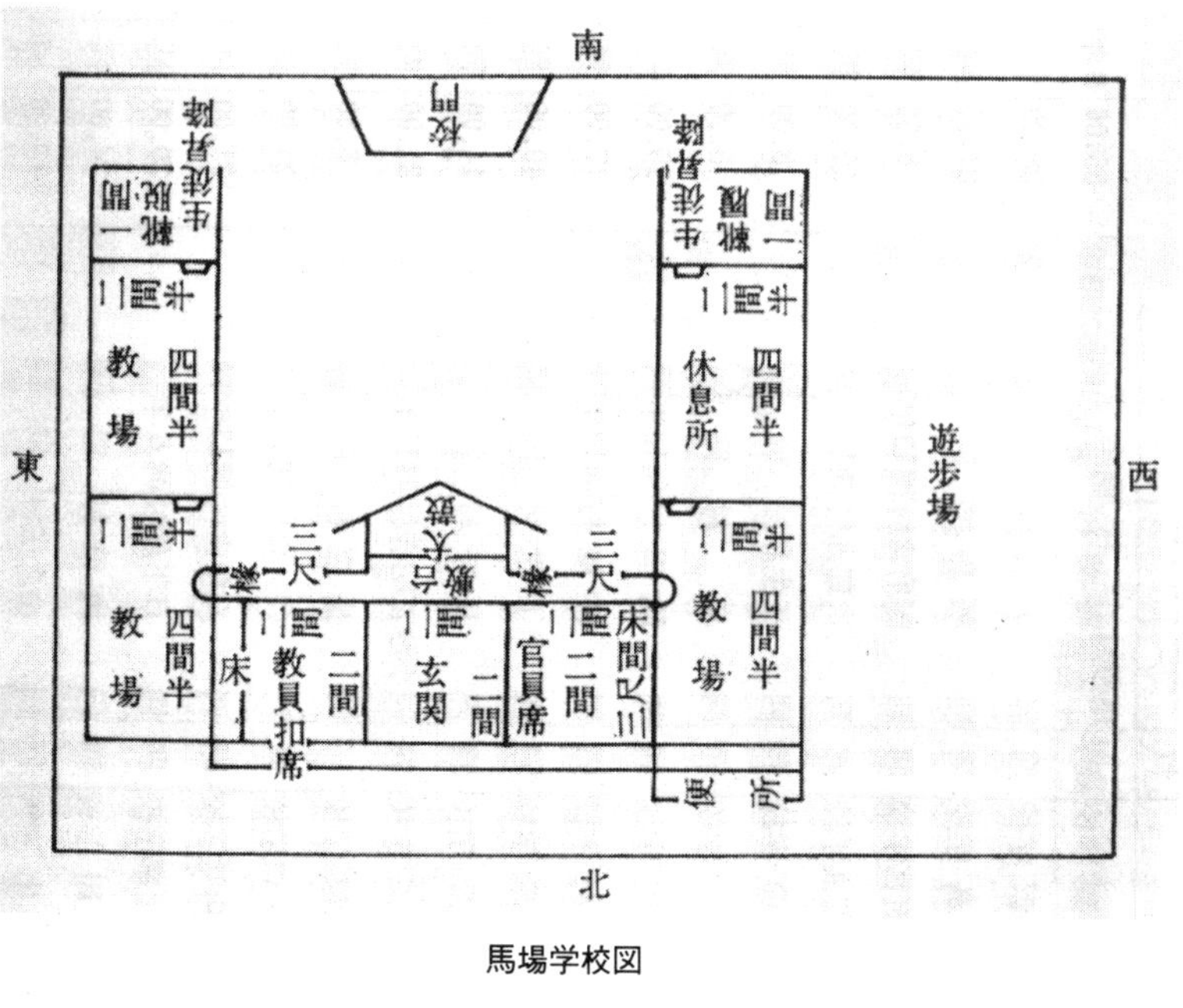

（愛知県県庁文書）

馬場学校図

表3—1884（明治17）年　稲沢地域公立小学校表

名称	副学科	所在地（国郡区町村名）	創立年	建築種別	教場坪数 坪合勺	全学期年数	授業日数 年中	訓導 男	訓導 女	準訓導 男	準訓導 女	授業生若ハ助手 男	授業生若ハ助手 女	在籍生徒 男	在籍生徒 女	出席生徒 男	出席生徒 女	平均日々出席生徒数	卒業生徒 男	卒業生徒 女	学齢未満児童 男	学齢未満児童 女	一ヶ年授業料総額 円 銭厘	歳費金額 円 銭厘	首座教員
稲葉学校	農学	尾張国 中島郡稲葉村	明治6年	木造二階屋	55.00	8年	276	1				2		84	34	84	34	105	△4	△1	24	16		293.655	井出二郎
小沢学校	同	同　小沢村	同	○平屋	28.00	同	260					1		51	25	51	25	36	△2	△1	5	5		214.201	岡本安五郎
稲島学校	同	同　稲島村	同	同 ○	21.00	同	284	1						47	6	47	6	37	△3		2	2		133.000	宇佐美直吉
国府宮学校	同	同　国府宮村	同13年	同 ○	8.00	同	300					1		19	5	19	5	16			2	1		119.866	魚住貫次郎
次郎丸学校	同	同　次郎丸村	同12年	同 同	16.00	同	275					1		33	2	33	2	29			5	1		83.478	高見浪三郎
川曲学校	同	同　子生和村	同	○	8.00	同	292					1		28	6	28	6	35	△7	△2	2	3		82.301	野々部甚蔵
島　学校	同	同　島　村	同	同 ○	6.00	同	290					1		17		17		16	△4		1			75.000	原　敬次郎
陸田学校	同	同　陸田村	同13年	同 同	15.00	同	280	1						28	7	28	7	29				1		109.470	村瀬照次郎
赤池学校	同	同　赤池村	同10年	同	17.00	同	280	1						49	6	49	4	50	△6	△1	5	1		200.130	安田　證
下津学校	同	同　下津村	同	同	40.00	同	275	2				1	1	170	134	170	134	276	△8	△1	10	5	760	335.057	加藤鐵太郎
長野学校	同	同　長野村	同	○	14.00	同	285					1		16	10	16	10	24	△4		4	1		105.329	吉田清十郎
小正学校	同	同　小池正明寺村	同13年	同 ○	21.00	同	265					1		20	16	20	16	26			1	2		147.000	林　正周
長東学校	同	同　長東村	同	同 ○	8.50	同	276					1		17	8	17	8	19	△1	△1				53.800	吉田久松
井ノ口学校	同	同　井ノ口村	同9年	同 同	24.00	同	265	1				1		49	14	49	14	54						285.500	吉田孟辰
六角堂学校	同	同　六角堂村	同13年	同	21.00	同	275					1		40	13	40	13	47	△2	△1				272.302	千葉探吾
日下部学校	同	同　日下部村	同6年	○	20.00	同	301					2		74	10	74	10	73	○1 △8	△3				162.100	真野安敦
奥田学校	同	同　奥田村	同	同 同	24.00	同	300	1				2		70	11	69	11	71	△5	△1		1		239.997	太田晨太郎
中庄学校	同	同　中之庄村	同	同	13.20	同	300	1						25	2	24	2	23	△5		6			382.000	伊藤左馬次郎

大箭学校	同	同 大矢村	同13年	同	21.00	同	275	1			39	4	39	4	37	△5						246.000	桜木 百太郎
北島学校	同	同 北島村	同11年	同	31.50	同	287	1		1	56	8	56	8	59	△6	△1					267.000	伊藤 勝三郎
大塚学校	同	同 大塚村	同10年	同	48.00	同	285			1	67	26	67	26	83	×1 △8	△2					243.000	武田 増太郎
平野学校	同	同 平野村	同6年	同	22.00	同	257	1			38	17	38	17	46	△2						121.100	山田 素泰
桜木学校	同	同 桜木村	同	同	12.00	同	275			1	32	7	32	7	31	△3						121.900	長崎 喜伝治
舟橋学校	同	同 舟橋村	同13年	○ 同	13.50	同	278			1	19	6	19	6	21			4				70.365	水谷 神州
矢合学校	同	同 矢合村	同	同	32.00	同	260	1		1	72	18	72	18	68	×2 △6	×1 △2	6	3			528.446	橋本 平七
梅須賀学校	同	同 梅須賀村	同12年	○ 同	12.00	同	273	1			29	7	29	7	31	△3			1			123.413	加藤 順道
千代学校	同	同 千代村	同13年	同	18.00	同	275	1			21	7	21	7	25	△2				3	350	741.451	田島 金次郎
福島学校	同	同 福島村	同6年	○ 同	30.00	同	240	2		1	75	15	75	15	84	△2	△2	3				224.824	田島 勇
溝口学校	同	同 西溝口村	同15年	同	12.00	同	235			1	28	4	28	4	29							99.800	沢田 易
吉美野学校	同	同 込野村	同13年	○ 同	19.25	同	246			2	46	10	46	10	44			2	1			139.997	溝口 浅次郎
裳咋学校	同	同 目比村	同6年	○ 同	10.50	同	253			1	33	1	33	1	27							93.100	木全 兵太郎
二郷学校	同	同 坂田村	同10年	○ 同	10.00	同	256			1	28	11	28	11	41			9	2			114.010	石川 寅吉
屯倉学校	同	同 三宅村	同6年	同二階屋	84.00	同	270	1		3	108	19	108	19	79	×6 △8	△1	5	2	8	600	547.203	上田 重次郎
非堀学校	同	同 井堀村	同13年	同平屋	22.50	同	252			2	40	8	40	8	49	×1		6	4			149.820	本多 俊雄
馬場学校	同	同 馬場村	同10年	同	22.00	同	253	1		1	68	18	68	18	72	△5		3	4			197.000	川村 省吾
西島学校	同	同 西島村	同9年	○ 同	23.00	同	276	1		1	69	16	69	16	67			4	1			232.800	田島 考九郎
下一色学校	同	同片原一色村	同6年	○平屋 同	30.00	同	250	1		2	139	25	139	25	134	×3 △8	△1					356.553	柴田 勇
横野学校	同	同 横野村	同	同二階屋	48.00	同	252			2	70	19	70	19	74	△3						153.700	角田 貞次郎
新正学校	同	同 天池村	同	○平屋 同	24.00	同	285	1		1	48	11	48	11	44	△1		9	2			190.500	初瀬 圓如

建築種別の欄の○印は旧民家寺院等を仮用するものである。

卒業生徒男女欄の○印は高等科，×印は中等科，△印は初等科を卒業したものである。『愛知県学事第3年報』による。

【注】

（1）一八七三年五月「達第一号」愛知県布達類集。

（2）『中島郡制史』愛知県中島郡役所、一九二三年。

（3）明治八年　愛知県公立小学校表（『文部省第三年報』〈一八七五〉所収）。

（4）『愛知県学事第三年報』（一八八四年）。

第四章　愛知県最初の公民館

――桜井村公民館成立事情――

新海　英行

一　地域公民館史研究の意義

戦後の社会教育は戦前の遺産を良くも悪くも継承しつつ、しかし他方では戦後改革のもとで戦前にはなかった新たな社会教育観を創出しながら成立し、展開した。むろん公民館も例外ではなかった。

公民館は、一九四六（昭和二十一）年七月五日、文部省次官通牒「公民館の設置運営について」が出されたことに始まる。社会教育法制定にさかのぼること三年前である。戦前においては社会教育は、内務省による地方改良運動、小学校中心の自治民育を内実とし、青年団をはじめ、婦人団体、報徳会、町内会等を基盤とする、もっぱら教化団体中心の、また小学校を拠点とする青年教育であり、それゆえ非施設形態の社会教育であった。その意味で、公民館という社会教育固有の施設の設置をよびかけた右の通牒は戦前社会教育の特色を大きく転換させる点で、戦後初発の、斬新でかつ画期的な社会教育改革であったといえよう。とはいえそこには戦前社会教育の遺産も多分に継承されていたことが看過されてはならない。とりわけ前近代的な共同体意識の形成や国家秩序へのロイアリティの教化といった社会教育の目標理念などはそうした遺産の代表的なものであり、戦前社会教育が半ば意図的に育ててきたものに他ならなかった。

上述の問題は社会教育における戦前と戦後の連続と非連続ともいうべきテーマであり、公民館の歴史的性格はこのような問題視角から明らかにされる必要がある。こうした視点に立ちつつ、地域における社会・生活構造や住民の生活実態に関する精細な分析をもとに公民館を中心とする社会教育の実像を実証的に浮彫りにすることがこれまでの公民館史研究において重要な課題ととらえられてきた。その意味でここに取り上げる桜井村公民館は愛知県下の公民館成立史の特徴を解明するだけでなく、公民館をめぐる地域史的実態を分析する上で寄与するところが少なくないと考えられる(1)。以下、『櫻井村公民館』(櫻井村社会教育委員會、昭和二十三年一月の稿)をもとに同公民館の成立事情とその特色について概観する。

二　桜井村公民館の歴史的位相

愛知県碧海郡桜井村公民館は県下初発の公民館である。一九四六(昭和二十一)年七月五日、文部次官通牒が出され、さらに同通牒は県教育部より県下市町村に移牒され、同年十一月六日、同公民館は桜井村青年学校敷地内に付設された。同公民館は県下で最初の文部省優良公民館として表彰され、形式的にも実質的にもその後県下市町村に続々と設置されていった公民館の、文字どおりモデル館とされた。それゆえ県全域の公民館に共通の特徴的性格がつくられていく上で桜井村公民館の及ぼした影響はけっして小さくはないと考えられる。

さて桜井村が位置する安城とその周辺地域は戦前における農村社会教育がまさに旺盛に展開された典型的な地域であった。すなわち、同地域は一九三〇年代以降山崎延吉の主唱する全村学校運動が取り組まれたことでよく知られている。日本のデンマークを標榜し、既存の農村共同体を基礎に農業生産の合理化(近代化)を目指す農村・農民教育が青年団活動ともかかわって積極的に展開されたことも周知のとおりである(2)。小学校教師を指導者とし、青年団活動と農業青年の補習教育を担当する青年教育はこの地域の社会教育の主要な内容を占めていたと考えられる。

戦前において桜井村を含むこれらの地域はわが国における農村社会教育の隆盛を誇った地域であった。桜井村公民館はこのような戦前の遺産を存分に継承しつつ戦後いち早く創設された点にその歴史的位相の特質をとらえておきたい。

三　桜井村公民館の設置経緯とその特色

一九四六年十一月六日、桜井村青年学校が独立校舎を設立したのを機会に、県教学課社会教育係の示唆のもとで同青年学校（敷地・校舎）内に付設されるかたちで公民館が開設された。館内の施設は公会堂、集会室、集会場、図書館、宿直室等から成り、設置に要した経費は十五万円であったという。公民館を付設した同青年学校は碧海郡青年学校教育会より「新教育研究学校」として指定され、その研究題目を「青年学校を中心とする公民館の運営について」とし、この研究に着手している。十月三十日には桜井村公民館を会場に県主催による「碧海郡公民館設置促進協議会」が開催され、十一月一日には憲法公布記念事業委員会において公民館設置育成を「永久の記念事業」とすることを決定している。

それでは公民館の運営体制の成立状況はどうであったのか。

まず十一月一日、第一回公民館設置委員会（発起人会）が開かれ、村内各層の代表者が参集している。同委員会では館則と事業計画が協議され、「各村内部落の代表者を公民館運営の組織員の内に入れて」「村民の民意を基礎に置く必要がある」ので、「各部落の常会長会を開くこと」が決議されている。この決議にもとづいて二日、部落常会長会が開催され、公民館設置の趣旨と運営について協議され、次の結論に達している。①「設置の趣旨方針に賛成」、②「役職員の嘱託には原案賛成」、③「民主組織の確立を図り、民意を尊重した組織運営をすること」、④「公民館設置の趣旨を村民によく理解せしむるため『公民館のしほり』を作り、配布すること」、⑤「櫻井村公民館の開館式を六日に行ふこと」

かくて十一月六日、憲法公布記念講演会及公民館開館式が次の式次第のとおり挙行されている。①「酒井代議士講演会」、②「公民館開館式—イ．開会の辞、ロ．趣旨経過報告、ハ．役員推選《ママ》、ニ．館則附議、ホ．事業計畫附議、ヘ．来賓祝辞、ト．閉会の辞」、講堂は満員で式は盛況で、講演余興ともに好評であったという。

以上の記録に示されているように、桜井村公民館は戦前の全村学校を中心とする農村社会教育の伝統の上に、とりわけ青年学校と施設的連携をもちつつ発足した。後述の資料からも農民組合、農産物品評会、農村経済講演会等、農村・農民・農業問題の協議や学習の他、青年団活動の拠点施設として公民館が機能していたことが分かる。一九四八年以降、櫻井村は「新郷土建設指定町村」として指定され、「村民により高い教養を」と「経済的にゆたかな村へ」の二つの理念を掲げた「新しい村造り」を目指して、公民館活動が取り組まれている(3)。

四　桜井村公民館の組織体制

公民館活動の中枢組織としては公民館運営委員会を設置し、同委員会は村長推薦の社会教育委員が兼務する常務運営委員と村内各部落代表者の運営委員の二種類で構成された。同委員会が公民館の「運営全般の企畫運営に當り、予算決算の審議に當る」。公民館事業の推進組織としては、教養部、産業部、厚生部の三部が置かれ、各部長は常務運営委員を担当し、幹事（指導員）は青年学校（新制中学校）職員がこれに当たるとされている。

職員組織については、館長は村長、主事（常勤）は常務運営委員の中から推薦により館長が委嘱することとされた。さらに青年学校（新制中学校）職員の中から副主事を置くこともできる、とされている。したがって以上のように村長の主導下で常務運営委員を中心とする企画運営が行われ、この方針にもとづいて各事業部が公民館行事を実施するのであるが、常勤の主事と青年学校職員と兼務する副主事の二名が公民館事業の実質的担い手であったと考えられる。

五　まとめにかえて

桜井村公民館は一九四八年より青年学校制度の廃止を機に公民館専用の独立施設として整備充実の計画が立てられた。集会室、集会場、図書館、児童文庫の整備の他、公会堂の暗幕装置設置等である。また公民館運営については、青年学校廃止後の青年運動（青年団指導等）、婦人運動（社会学級、生活改善等）、成人教育（父兄教師の会ＰＴＡ等）への取り組みが構想されている。

以上が『櫻井村公民館』が記録している主要な内容である。同館は、基本的には次官通牒が示す初期公民館構想に対応するものではあるが、かならずしもすべての面で同一ではない。村（地域）づくり、町村長の主導性、常会（地域の自治組織）中心の運営体制、青年団活動の拠点施設としての性格、に関しては桜井村公民館は一般の公民館に比べてより顕著であったといえよう。

桜井村公民館は愛知県における第一号館として一九四〇年代後半期をとおして県下市町村の公民館設置運動をけん引した。公民館設置運営に関する文部省や県主催の講習や協議会において桜井村公民館がしばしば先進館ないし模範館として取り上げられていることは同館の果たした役割を実証する有力な事実と考えられる。県下公民館の歴史的原型として同館を位置づけうるゆえんである。

以下、紙幅のゆるす限り、『櫻井村公民館』から主要部分を引用しておきたい。

《資料》

『櫻井村公民館』

愛知県碧海郡櫻井村立
櫻井村公民館　昭和二十一年十一月六日開館
愛知県碧海郡櫻井村大字小川字的場

一　沿革　（前文略）

公民館設立経過

一　昭和二十一年九月二十三日
青年学校落成式にあたり遠藤視学官から「文部省主唱に依り公民館設立運動が展開されるが青年学校整備を利用し公民館を設置することが望ましい」との理由により公民館の設置趣旨内容等の計畫の説明を受く

二　昭和二十一年十月二日
県社会教育課土橋事務官青年学校視察の為来校　此の際公民館に対する文部省の方針、公民館の趣旨運営等につき指示を受けると共に懇談会を開く
この会合により本村に青年学校を中心とした公民館を設置する機運となり、青年学校長に於て立案することとする
尚次いで本村青年学校は碧海郡青年学校教員會より「新教育研究学校」として指定せられ、その研究趣旨を「青年学校を中心とする公民館の運営について」と決定し研究に着手する

三　昭和二十一年十月三十日
県主催「碧海郡公民館設置促進協議会」の会場となる

四　昭和二十一年十一月一日
憲法公布記念事業委員会に於て公民館設置育成を永大の記念事業とする件を認定される

五　昭和二十一年十一月一日
村内各階層の代表者の参集を求め第一回公民館設置委員会（発起人会）を開き
1櫻井村公民館々則　2事業計画
を協議する此の席上各村内部落の代表者を公民館運営の組織員の内に入れて直接村民の民意を基礎に置く要があるといふので直ちに村内各部落の常会長会を開くこととする

六　昭和二十一年十一月二日
部落常会長会開催
公民館設置の趣旨運営につき協議
申合事項
1設置の趣旨方針に賛成
2役職員の囑託には原案賛成
3民主組織の確立を図り民意を尊重した組織運営をすること
4公民館設置の趣旨を村民によく理解せしむるため「公民館のしほり」を作り配布すること
5櫻井村公民館の開館式を六日に行ふこと

七　昭和二十一年十一月六日
憲法公布記念講演会及公民館開館式挙行　午後一時より
行事
1酒井代議士講演会
2公民館開館式
イ．開会の辞　ロ．趣旨経過報告　ハ．役員推選《ママ》　ニ．館則附議
ホ．事業計畫附議　ヘ．来賓祝辞　ト．閉会の辞
3餘興
女雲月三席

講堂満員の盛況にして講演餘興に好評を博す

二　機構

一　公民館運営委員會

1　常務運営委員　　村民推選《ママ》の社會教育委員が之に當り本館の運営全般の企畫運営に當り、予算決裁の審議に當る

2　運営委員　　村内各部落の代表者で常務運営委員の企畫に参畫する

本館の運営は本運営委員會の企畫の下に行はれる

二　各事業部長

1　教養部　　2　産業部　　3　厚生部を置き各部長は常務運営委員中の専任者が担當する

三　幹事（指導員）

各事業部に指導の任に當る幹事を置くのである　主として青年学校（新制中学校）職員が之に當る

三　職員組織

一　館長

本村々長がこの任に當ることになってゐる

二　主事

常務運営委員の推薦により館長委嘱する　事情により青年学校（中学校）職員中より副主事を置く場合がある

主事は常勤を本体とする

三　部長

常務運営委員の互選に練達者之に當る　又青年学校（中学校）の職員中から副部長を置き部長の事務を代行させることが出来る

四　幹事　書記會計

適宜之を置く

四　設備

一　公會堂　　木造平屋建瓦葺一棟建坪九六坪

講演會大集會映寫演劇等に使用する

二　集會室　畳敷八畳二間床附座敷道

小集會座談會に使用する

三　集會場　畳敷一五畳一間一〇畳一間

主として婦人集會等に使用する

四　図書館（附児童文庫）

五　宿直室炊事室小使室

六　備付備品

五　経費

一　公民館設置費（青年学校建設費を含む）

拾五萬圓　昭和二十一年度青年會館費と特別費として徴収

（宿舍拂下げの代を含まず）

二　公民館運営経常費

昭和廿二年度櫻井村歳入歳出予算抜粋

歳出の部

四　教育費			三二二九　七〇八円
	4　公民館費		一四　八〇〇円
		一　諸給	一　五〇〇円
		二　諸公費	三　〇〇〇円
		三　事業費	六　〇〇〇円
		四　需要費	四　三〇〇円
歳出合計			四五四二　九二八円

昭和二十三年度に於ては設備の整備を必要としてゐるので相當多額の予算計上を見込むこととなる

六　利用状況

1　村民の利用状況

昭和二十一年　十一月　六日　開館　酒井代議士講演會　憲法議會報告
餘興浪曲女雲月長講三席
十一月　七日　援護事業打合會縣援護課長出席
十一月十二日　東海地区公民館設置促進協議會開催
文部省當局者縣當局者関係地区委員多数来會
十一月十四日　国民保険事務打合會
十一月廿六日　櫻井村遺友會総會式遺族関係者多数参集
十一月廿七日　村青年団産業部協議會
十二月　六日　櫻井村農民組合結成準備會
十二月　八日　防犯月間講演會安城警察署主催
十二月　十日　櫻井村農民組合結成大會村農民有志五百名参集
十二月十三日　櫻井村農地委員選挙準備會
十二月十七日　農産物品評會青年学校農業會共同主催
十二月二十日　村青年団役員會
十二月廿一日　農村慰安映畫の夕開催村主催
十二月廿七日　青年団役員會
十二月三十日　収穫祭開催青年学校主催
昭和二十二年　一月　十七日　製衣講習會青年団主催
一月　十八日　蓑造り講習會青年団主催
一月二十二日　村青年団総會

一月二十九日　農民組合代議員會・青年団幹部會
一月三十一日　村内海外引揚者健康診断実施
二月　四日　婦人教養講演會婦人會主催
二月　五日　青年学校の友會青年団諸団体合同卓球大會
二月　八日　電熱育苗講習會青年学校農業會共同主催
二月　九日　女子青年団幹部會
二月　十日　女子青年団生花茶の湯講習會
二月　十一日　平和講演會村主催
二月　廿二日　農民組合代議員會
二月　廿六日　水飴製造講習會青年団主催
　　　　　　農村経済講演會講師中道国男氏
三月　一日　婦人講座開講婦人會主催講師名帝大長松教授
三月　八日　同上　　講師安藤秋三郎氏
三月　十五日　同上　講師太田力氏
三月　十一日　青年教養講座青年団主催講師堀内文吉氏
三月　十七日　村体育委員會
三月　十九日　青年団懇談會
三月　廿三日　農民組合代議員會・女子青年団役員會
三月　廿五日　農民組合代議員會
三月　廿六日　青年団役員會
三月　廿九日　青年団総會
三月三十一日　新制中学建設委員會

四月　三日　童話會開催
四月　五日　青年団幹部會
四月　八日　青年団入団式
四月　十六日　青年団役員會
四月　十七日　農民組合代議員會
四月　廿九日　青年団体育部卓球大會
五月　三日　新憲法公布村民記念式
五月　六日　女子青年団生花講習會
五月　十八日　新憲法実施記念青年雄弁大會
五月　二十日　女子青年団幹部衛生講話
五月二十六日　教育映畫の會
六月　一日　青年団豆腐加工講習會
七月　三十日　婦人會総會
八月　十五日　青年衛生講話
九月　五日　協助會役員會
九月二十八日　農村慰安會
十月　三日　女子青年団美容講習
十月　七日　道徳碩学講演會講師山田隆造氏
十月　十八日　女子青年団幹部會
十月二十七日　青年団幹部會
十月二十八日　同上
十月二十九日　農業協同組合関係の打合會

この時期から公民館を新制中学校の仮校舎に解《ママ》放使用することになる。

十一月廿七日　青年団役員會
十二月　十日　農業振興祭開催の為打合せ會（本日より数回）
十二月十二日　耕地整理に関する打合會
十二月廿四日　青年学校青年団農業會合同主催農業振興祭開催
　　　廿五日　盛会を極む
　　　廿六日

昭和二十三年　一月　五日　青年団幹部會
一月　七日　政策批判講演會・三木遙相来館
一月　十四日　戦後処理調整協議會
一月二十五日　青年団幹部會
一月二十七日　村内四学校父兄教師會長會合

七　櫻井公民館将来計畫

一　設備の整備に関する将来計畫

1　第一次計畫　（昭和二十三年度計畫）

昭和二十二年度中公民館を新制村立中学校の仮教室に開放使用させてゐたので、公民館発足匆々其の設備の大半を奪はれた形でその活動に制限を受けてゐたのであるが、愈々本年度中に新制中学校の第一次建築計畫が完了する見込がついたので、明昭和二十三年度中には櫻井公民館の整備充実計畫を立てたのである

イ　集會室集會場の整備

集會室の畳敷物の整備・此の室は大体青年団本部室といった意向でそれに適當な設備及び内容に沿って整備すること

集會場は現在青年学校教室となってゐるのであるが、明二十三年度は青年学校制度が一応打ち切られるので、これを大集會場として改造し、畳敷として主として婦人室に當て村内婦人生活改造の温床地となるやうな設備と内容を持つ様に整備すること

ロ　図書室・児童文庫の整備

現在青年学校教室であるのを図書室・児童文庫室に改造するものである

図書室は農村公民館として最適のものに整備すること　児童文庫室は中学校生徒に適する様整備すること
ハ　公會堂の暗幕装置
現在中学校の仮教室になてゐるのであるが明二十三年度は全面的に而も計畫的に此の公會堂の使用計畫を立てること
此の為先づ暗幕装置を施して此の公會堂の使用計畫を効果的ならしめること
2　第二次計畫（新制中学校新築計畫完成後の計畫）
別添四頁参照
二　公民館運営に関する将来計畫
1　青年学校制廃止後に於ける村内青年運動に全力を挙げること
イ　青年幹部養成所の経営
ロ　青年団指導に系統計畫を立て、実施すること　（村内出身の中等学校生徒の大同団結）
2　婦人運動への計畫
イ　婦人社會学級の効果的経営への協力・櫻井第一小学校の社會学級への協力と全村化
ロ　婦人生活改善　冠婚合理化運動計畫研究
3　成年教育
イ　村内四公立学校父兄教師の會（ＰＴＡ）への全面協力とその活動の援助
ロ　生活科学化への一歩前進　定時励行運動の提唱

【注】

（1）愛知県下初期公民館活動における桜井村公民館の分析については、益川浩一「愛知県における初期公民館――碧海郡桜井村公民館を中心に――」（未定稿）が初発のものである。本稿は同論の示唆によるところが大きい。
（2）「社会教育」第四一号、一九四九年四月二十三日。
（3）篠田　弘「山崎延吉と農業教育」細谷俊夫編著『人物を中心とした産業教育史』、帝国地方行政学会、一九六五年、参照。

第五章　大名好学の周辺

――『尾州御小納戸日記』より見た――

高木　靖文

はじめに

地方史の編纂に関わっている中に、一つの疑問をいだくようになった。既刊の地方史・郷土史を手がかりに近世諸藩の歴史をひもとくと、多くの場合、何人かの英明の君主が現れ、藩政を再興するのであるが、かれらは決まって学問好きなのである。しかも、中には、儒学者を高禄で招き率先垂範して学習に励むばかりか、自らが家中に講釈し、教学への帰依の姿勢を鮮明にしたり、領内を巡回して、領民に学問好きを知らしめるような積極的な藩主さえあったというのである。石川謙氏も、主著『日本学校史の研究』（昭和三十五年刊、小学館）において（1）、五代将軍綱吉が参内する諸大名に自らの講釈を聴かせたり、時には大名たちに進講させたと述べ、さらに江戸城内に好学の庶民などを招き入れて、親しく講釈を聴かせたとしている。また、越後長岡藩主牧野忠辰などの例をもって、近世為政者の学問普及の姿としており、それが家中に少なからず影響を与え、また領民の向学心をかき立てることになったとしたのである。

そのような図式は、決してあり得ないことではない。しかし、藩主が臨校する場合でも、後述のように周到な準備や安全確保がなされ、ものものしい供揃いで出かけることを考えると、親しく領民と接することが一般的に可能であったであろうか。城中（江戸城も含めて）に、家中以外の不特定のものを招き入れるなどということができたのであろうか。個人的で希なケースではないのだろうか。藩主の好学を空間的、社会的に位置づけなおしてみると、そのような疑問がわき出てくる。そのような疑問の解決のためには、教育環境論的観点に立って、藩主の日常やそれと不可分の空間である城中（あるいは江戸藩邸内）を検討する必要がある。

しかしながら、藩主やその子弟の学習の様子、講釈の場、参列者の身分、聴聞の位置など、決まりや制約の有無についての研究はこれまでほとんどなかった(2)と言ってもよい。学問・教育がどのような環境下でなされたのか、という基本的事実の解明に迫らない「実態史」は、近世教育の歴史社会的特質を等閑にするものである。ここでは、そのような関心に答えうる史料の一つとして、藩主側近の役務日誌である「尾州御小納戸日記」を紹介したい。

一　御小納戸職制とその職務

藩によって職制は異なるので一概には言えないが、藩主の日常に深く関わる近従たちは、職務上の決まりや非日常的な出来事を記録して、引き継がなければならなかったと考えられる。藩主の日常生活において圧倒的に多いのは、変哲のない定式化された部分であるが、それらは反面、極めて多様な内容をもつのである。起床、着衣、礼拝、食事、側近への指示、重臣との面談、休息、趣味、学問、武術稽古から就寝に至るまで生活の一つ一つが、毎日同じように繰り返されるが、厳密に言うと決して同じではない。衣装にしても、季節に応じて変わるだけでなく、用向きや場面に応じた拵えが定まっている。多様な定式の繰り返しが、藩主の日常なのである。近従の者の役割は、それゆえそのような日常を厳格に守ることであり、加えて藩主や家族の安全を確保することであったといえる。

非日常的なものは、対処の方法も含めて、後日の備えとしてその都度記録され、伝達される必要がある。そこに、役務日誌の成立理由があったのである。非日常的なものとしては、節句・玄猪・婚礼・子弟の元服・花見・月見などの奥向きの行事から、鹿狩り・参詣・他家訪問（外出）・音信・来客・不例の見舞いなどの不意のものまで、それなりに伝統的な定式があり、毎回過去の仕法が参考にされた。

ところで、尾張徳川家の場合、近従と見なされた役職は、たびたび紹介した(3)ように、主として小姓、奥御番、御小納戸（奥向き三役という）を指していたが、奥医師、奥坊主なども比較的藩主の近くに勤務したもののようである。さらに奥儒者などの呼称もあり、藩主の要請で随時近侍する職も置かれたらしい。

御小納戸役は、それら近従の中でもとくに藩主の日常生活に直接関わる役職として、参勤に随従することになる。したがってその勤務の実際は、「尾州御小納戸日記」「江戸御小納戸日記」などに記録されている。また、藩主の不在をまもる留守役も両地に置かれ、それぞれ「御留守日記」を書き残している。

この御小納戸役の日記は、徳川林政史研究所の所蔵になり、御留守日記も含めて都合五六〇冊余ある。和綴じ竪帳《たてちょう》である。書き役が輪番に書き継いだものであるが、毎日書かれたかどうかは分からない。また、後に書き加えた部分もある。それゆえ「日記」というのはやや不正確であるが、藩主の日常を中心に、城中の様々な出来事やしきたり、諸職の職掌を検討するには格好の史料であると言える。

「尾州御小納戸日記」明和六（一七六九）年二月十六日の条に、御小納戸の職務内容が記されている。それによると、「御道具・御武具類」「御腰物御小道具共」「御装束・呉服」「御召服」「御座之間御座敷向・御茶屋・御鉄砲」「御書物・冷泉家御届」「御櫓御多門・御土蔵・物道具」「留冊」「日記訂・文格訂之類共」「御小納戸諸道具・御薬種」「御用紙筆墨・炭油蝋燭」「惣御邸内・南御屋敷・御深井田畑」「御手廻り」「御直封物御書」「御祠堂」「御雑生御用」「御馬御用」など一七項目の分掌がみられ、計四四名が担当していた。藩主の身の回りの道具、衣装、武具の管理から馬の飼育まで、多様な職務を包括していた。「留冊」「日記」の作成・補訂・管理も、重要な仕事であったことが分かる。

彼らの身分について『名古屋市史』は、「小納戸の頭役を頭取と云ひ、寛延元年十二月、始めて之を置く、十名ありて三百石高なり、小納戸は其数最も多く、約七十名ありて、役高二百五十石なり」(4)と述べている。決して高禄ではないが、「物頭以上」の格式を与えられており、低いわけではない。また、寛延元（一七四八）年ころから頭取が置かれ、組織化されたとしており、職務内容の多岐化を窺わせる出来事である。なお、一般の職制も同様の傾向にあったのであるが、御小納戸職制の分化と複雑化が時代と共に進行した。嘉永六（一八五三）年の「御家中分限記」（名古屋市博物館蔵）をみると、明倫堂督学以下に、「中納言様御側懸り御小納戸頭取」「同格」「御小納戸頭取」「同格」「中納言様御側懸り御小納戸」「御小納戸御膳番兼帯」「同格」「御小納戸」「御小納戸格」などの諸職があり、頭取と平身分からなる簡素な組織ではなくなっている。

ところで、城中における御小納戸役の勤務場所は、その職務内容から藩主の生活圏の内にあったと言っても過言ではない。すでに松平太郎氏、深井雅海氏らの検討(5)から、江戸城内の御小納戸役についてはかなり明らかになっているが、尾張家も同様に、彼らは通常「中奥」と呼ばれる区画にあって、主人の日常を支えたことが分かっている。すなわち、藩主にとって、公式の場であり政務の場でもある「表」に接続し、かつ私的な生活の場としての「中奥」に勤めたのである。それは、女性の生活空間である「大奥」とは峻別される、「男性社会」であった。奥小姓、奥御番とともに勤務した「中奥」という空間がどのような位置関係にあったかは、『名古屋城史』が詳しい。それは、表御殿の背後にあって、家中の者にとって唯一カ所の通用口である「大壁書口」の奥の区画であり、溜之間、御焼火之間、御鑓之間、御数寄屋、烏之間、中御座之間などからなる。それらの要所を中奥御番が警衛したと考えられる。城中におけるこのような特殊な区画に勤務する者が、表に勤務する者を「外様」と呼んだように、家格や禄高とは異なる身分関係が存在したのである。

二　「御小納戸日記」の形式と内容

職務に関する様々な定式を厳格に守ることを求められた奥向きの者たちは、伝統的で煩雑な仕法を日夜学び覚えなければならなかった。小姓を勤めた近松彦之進（茂矩）の「昔話」によれば、詰め所の壁に覚え書きをびっしりと張り付け、各自諳んじたという(6)ように、大過なく勤めるには相当の困難が伴ったのである。すでに明らかにしたように、「御小納戸日記」が成立した延享ころには、「中奥」には様々な制禁があったことが分かる。「まいらざる申伝」「片出入り・両出入り」「固め」「壁書き口の通用」「身分と座順」など、藩主を中心とした学習活動でさえ側近にとっては制約となる慣行が存在した(7)。

さらに、藩主の動静、中奥勤めの諸職の様子（病気・旅行・婚姻）、目見え、加増知、異動、履歴などを通して、右以外にも制約的慣行が読みとれ、それらは時代が下るに従い数を増やし、複雑な内容になる。「中奥」世界の閉鎖性が浮かび上がってくる。

さて、「日記」は、次のような形で書き継がれている。次の記事は、文化八（一八一一）年七月のものである。

七月廿五日　嘉七　源六郎　［作左衛門　平右衛門］（注、かっこ内は並記）

一、御祠堂御拝被遊候上、例朝」御目見被　仰付、相済而御引継、兵法　御稽古被遊柳生又右衛門門弟波多野林左衛門引連罷出候

一、都而　御稽古之儀、例朝」御目見済御引次被遊候節ハ」御召廻りにて師家之輩御用人ゟ引連烏之間江為控置、例朝」御目見済直ニ御稽古場江相廻シ候筈ニ付、節々こなたゟ別段案内ニ及間敷候間、其趣ニ承知被有之候様致度旨、当番御用人江委曲及演舌候事

一、明廿六日五ツ半時（早メ）之御供揃ニ而染御帷子・御長袴被為　召之、建中寺」円覚院様御霊前江　御参詣可被遊旨被　仰出候

付、夫々申通候
（以下略）（「」は、改行）

月日の下の名前は、御小納戸頭取役で、当日の当番関係が分かるように記してある。宝暦九（一七五九）年四月十三日の「尾州御小納戸日記」によると、勤務は七人番（当番・明番・守番・介番・守番・添介番・非番）、六人番（守番をのぞく）、五人番（守番と非番をのぞく）の三形態があり、季節や御小納戸の人数によって切り換えられているが、主務者、補助者、待機者などを順番で決め、毎日交代していたようである。「当番」は「当泊」とも記されており、泊まり番のことである。また、「介番ハ四ツ時ゟ入御迄、添番ハ四ツ頃ゟ八ツ頃迄」（「同」）とあり、泊まり番の補助役らしい。ただし、記載の方式は必ずしも一定ではなく、時代によって異なる。天保十四（一八四三）年六月十五日には、「当泊」一名、「介」五名が記されており、嘉永四（一八五一）年十一月九日には、「当泊」「日勤」「一介」「二介」各一名が記されている。これが、藩主の日常を守る体勢の中、「御小納戸役」による勤務の姿であった。

記事内容は、基本的に藩主のその日の行動を追っており、ほぼ継起した順に記されている。これを見ると、藩主の一日がつぶさに分かるのである。すなわち、この時の藩主は十一代斉朝であるが、身づくろいを済ませると、まず祖先の霊位に詣り、毎日の側近・家臣との「目見え」を行っている。この日は、その後兵法の稽古をしたようであるが、日課は日ごとに異なる。芸術師家は御用人支配であったので、目見えに続く場合の稽古の段取り（案内）は御小納戸ではなく、用人方で行うよう申し入れたのである。翌々日、二十八日、藩主は、まず五ツ半に乗馬の稽古を行い、表揃いができたという御目付の連絡を待って、御錠口から祠堂へ詣で、中御座之間において例朝目見えを済ませ、次いで焼火之間で目見え、表の役所を検分して中奥へ入る、という具合である。このような定式の他に、不意の出御、講釈・会読聴聞、武芸検分なども含めて、御小納戸役は、そのための準備をしたのである。

藩主の動静に加えて、御小納戸が職務上関わった出来事の子細が記される。七～八月の頃をみると、掃部頭（宗勝六男）への贈り物、側近の役替えに対する御礼、江戸同役よりの飛脚便の内容、領民よりの献上品の受納、御小納戸方役人の勤務状況、旅行願いの扱い、明倫堂詩会への援助等々、様々な記事が出てくる。それらの記事から推測すると、出来事の一部始終が藩主に報告されたわけではなく、決済を受けたものばかりではないようだ。例えば、同年八月二十日に、

一、左之通、長野七郎右衛門ゟ申聞候
　書肆風月堂孫助儀、勝手及困窮商売差止候由相聞候付、追々相渡置候活字板御書物捌残之分、別紙之通取揚置候旨、継述館総裁恩田進治申達候付、為御承知右壱通相渡候
　八月

覚

一　李忠定公集　弐部
一　張曲江集　三部
一　魏鄭公諫録　三部

とある長野（側用人か）からの報告は、御小納戸に留め置かれたものと考えられる。藩主の蔵書「御書物」中から三点を継述館から出版し、風月堂・永楽屋などに売り捌かせていたのであるが、売れ残りを取り上げたというのである。御側「御書物」に関係する事柄であるので報告があったものと思われる。

このように、「御小納戸日記」は職務に関わる情報を記録したものであり、城中の学問・教育の様子もその限りにおいて記される。文化八（一八一一）年五月十日、用人より月次講釈の取り廻しについて指示を受けた次のような記事がある。

一、左之通、御用人方ゟ申聞有之候
御城おゐて月次講釈之儀、毎月十三日四ツ時於御夜居之間講尺有之、一之間江出御、御聴聞被遊筈候、右之節御刀掛斗出之、御褥ハ無之筈候、仍図面壱枚相渡候
一、出御御具相之儀、十二日は於御焼火之間式日出座之輩等御目見相済、御年寄衆初一統御夜居之間江相廻候上、宜段各江可申談候間、御申上鯉之御杉戸より御夜居之間東御入側北二本戸御出入被遊筈候、尤御先立之儀等御先代之振御心得可有之候
一、出御無之節ハ、御刀懸斗出置候事
一、御文台並講師見台之儀、御心得可有之候

当時、十三日に行われていた御夜居之間での月次講釈の段取りを示して、部屋の清掃、調度など遺漏のない準備を指示したものであるが、御小納戸役が城中の講釈を支えていたことが分かる。また、月次講釈の他、部屋・調度・通路・案内・席順管理などに関わって、諸稽古、学問・教育の実際を記録しているのである。

城中がどのような教育の機会をもち、教育環境を形作ったかについては、すでにその一端を明らかにした(8)が、月次講釈の他、定日講釈、会読、輪講、幼年者への素読、手習いなど、実に多くの学習の場があったのである。また、江戸では奥方が表での講釈を「透き聞き」した事もあった。学問だけでなく、武術や諸芸の稽古も行われ、躾法や礼式の稽古も行われており、それらのいずれにも、御小納戸が関与したのである。

三　中奥へもたらされた教育・文化情報

藩主やその側近の者たちは、城外の教育文化の動向について、どの程度関わり、見知っていたであろうか。あるいは、

城中「中奥」にはどのような教育文化情報が伝えられていたのであろうか。そのことは、藩の学政の中枢として、藩主や側近がどのような役割を果したかを占う上で重要な意味を持つと思われる。全体的に城中の学問教育には、儒者職に任じられたもののほか藩校教師が当たったし、平洲のように政務の相談にあずかった督学もいたので、城外の情報は随時「中奥」にももたらされたと考えられるが、実際は分明でない。ここでは、藩校に関する情報について、「御小納戸日記」から窺える事実に限って紹介したい。

藩校出席

天明三（一七八三）年、細井平洲の下で開設された学館（明倫堂）は、文化八年、古学派の塚田大峰が督学となって「諸生制度」を整え、自註の「読書次第」を中心に据えた教育を展開するに及んで、家中教育の中心として、独特の学風をもつ学校として諸国に知られるようになった。もともと「外様」と混じって学ぶことが禁じられていた奥向きの者たちも、明倫堂が開設される頃には、座席や時間の制約を受けながら学ぶ機会を城外に求めることが許され、学館（明倫堂）へ出かけるようになった。明倫堂の教育に関する情報は、随時伝えられることになったばかりか、明倫堂と直接的関わりが生じた。文化八年五月十七日の「御小納戸日記」によると、

一、左之通吉田勘兵衛ゟ申来候付、夫々江申通辞候
明倫堂定日講釈之節、奥向之御衆只今迄之御控席指支候付、以来右御控席之儀、御目付控席之向之方ニ相成候、此段為御承知相達候、以上
五月十七日
尚々本文之趣、奥向之御衆江夫々御申通辞被下可然候ハヽ、宜御取斗被下候様致度奉存候、已上

と、講釈に際しての控え席が指定されており、この時変更が通知されたのである。奥向きの者たちが特別視されていたことが窺える。さらに後のことであるが、文政元（一八一八）年四月十八日、御側御用人から奥向きの者に加えられる行動上の制約について、二四カ条にわたる申し伝えがあった。それは、「出入り」の範囲(9)、他出（交際）許可の諸条件などに加えて、

一、明倫堂江罷越候儀、御免之事
　　但、外様之輩不入交様可相心得事
一、師家之輩為稽古屋敷・長屋江相招候儀、願之上御免之事
　　但、御役者並陪臣たり共准本文

と、学問・稽古の機会の拡大を認めながらも、外様との接触を制限しているのである。文政六年には、「明倫堂講日奥詰出席方」が定められ、順次一名ずつが出席できることとなった。このことから、尾張の藩校が身分制的および職制上の秩序の上に成り立つ教育の機会であったことを窺わせる。

文庫の書籍

明倫堂文庫へは、藩主から様々な援助がなされたことも分かっている。同年六月十七日の記事に、

一、冢註論語十部
　思召を以明倫堂江御附被遊候筈伺済之趣野村佐太夫申聞、則懸り御用人江其段申伝、書籍相廻候
　但、代銀追而塚田多門江相払候筈

とある。藩校蔵書の概要については、拙論「明倫堂文庫の形成」(10)で明らかにしたが、基本的部分が成立した後でも藩主から寄付を受けていたのである。この時、大峰自身の『冢註論語』を買い上げて、蔵書に加えたことが分かる。ほかにも、『冢註尚書』が同様の扱いを受けた記事がある。

逆に明倫堂文庫の書籍を、借り出して利用している。嘉永四年八月十八日の記事には、「大篆」を御用人を通じて申し入れたとある。また、書籍の借用は明倫堂に限らず、御書物方に対してもなされている（文化十四（一八一七）年五月二十七日）。

明倫堂出版物

藩校出版部とでもいうべき継述館に対して、『李忠定公集』他三部を活字本で出版させたことはすでに述べた。文化九年二月二十七日の記事に、

> 今般、御側御用ニ付、昇平日新録五拾部於継述館活字板可被仰付と之御事ニ付、其段明倫堂教授江申渡候間、被得其意、右御入用金銀の御儀追々之振御心得可有之候

と、用人が言いよこしたとある。出版費用を奥向きから出していることが分かる。

詩会・歌会

明倫堂は、大峰の督学期に、詩会を盛んに行った。文政四（一八二一）年正月、大峰自ら用人宛に書き送った願い書き

から、その様子が分かる。

明倫堂学生共毎月壱度充詩会仕候処、十五夜・十三夜・冬至ニは御側　御酒・御肴・御菓子被下置、一統難有仕合奉存候、然処春夏之間之詩会ニは何も無御座淋敷御座候得は、春之内今一度何卒右之頂戴物仕度奉存候、就而は二月十五日ハ花朝と申候而詩人之悦候日ニ御座候得ハ、右花朝ニ今一度御酒等被下置候様仕度、御達申上候

詩会は、毎月催されていたが、陰暦の八月十五日、九月十三日、十一月中旬ころの三回に限って藩主より酒・肴・菓子が出されていたのを、「花朝」の日の詩会にも同様の品を頂きたいと言うのである。願いの内容を藩主に伺った結果、二月にいたって許可されている。天保十四（一八四三）年八月十一日の記事によると、酒肴の依頼は督学ではなく事務方の明倫堂主事から用人を経由して御小納戸へなされた。その際、主事からは詩会への参加人数を知らせており、この時は二六五人と報告されている。酒と菓子は御小納戸で調え、肴は鷹匠頭へ依頼したのであるが、多量の魚を取り揃えることは徐々に難しくなったようで、この時も鷹匠頭が不足分は購入して調えてくれないかと問い合わせている。終了後の十七日の記事によれば、

一、明倫堂督学正木三郎右衛門ゟ歌会之節之詩筆昨日差出候処、御用人江差出、右役ゟ相渡候手順ニ付、其段相達差戻候、然処御在国之節ハ拙者共江差出候追振ニ候旨返報申越候付、其段今朝御用人江相達候処、是迄之通御用人江不差出候半而は不宜候間、其段可申談旨右役申聞候

と、詩会の作品綴りを藩主の披見に供する定めになっていたらしいことが分かる。そのためには「詩筆」をまず御用人方へ提出し、後に御小納戸へ回覧する仕法のところ、督学が間違えたというのである。詩会に止まらず、毎月前後して和歌

の会も開かれるようになり、弘化三（一八四六）年二月五日の記事には、植松茂岳が主宰した歌会の出席者名簿とともに作品綴りを用人より受け取り、江戸参勤中の藩主に送ったとある。希な出来事と思われるが、嘉永四年三月二十六日の日記には、藩主自ら翌月の詩会の課題（「枕上聞子規」）を出したので、督学へ連絡したと記しており、奥向きが藩校の行事に深く関わっていたことが分かる。

また、嘉永頃には、江戸藩邸内に勤める奥向きの者たちも、藩主在尾中は「詩稿」「学問出席帳」を尾張へ送って寄こすことになったので、その都度上覧の手続きをとっている。

藩主臨校

各藩と同様、藩主が明倫堂へ出向き、家中の勤学ぶりを検分することがあった。元々は学生や教職員の督励を目的としたかもしれないが、大変仰々しく形式的な行事であった。文化九年二月五日、用人から「来ル九日明倫堂江被為成」旨が御小納戸へ伝えられ、当日の藩主の行動予定が示された。それによると藩主は、御成門より入り、御成間玄関から庭を通って聖堂拝礼に向かい、再び御成間に戻って着座、同北袖之間から学生の聴講を検分し、帰城となっており、飾り付け、調度、案内役、挨拶、供揃い、控え方などを「図面」を付して事細かに指示している。結局この臨校は延期となり、十八日に実施されたが、道中の仕法、出迎え、先詰めの心得などが付け加わった。先詰めは、御小姓・御小納戸・奥坊主・御側組同心から一二名が当たり、あらかじめ飾り付けや警護の手配を行った。このような臨校の仕法は、文化十四年九月十九日の場合も基本的には変化がない。藩主の「出御」は、いずれの場合も同様に取り計らわれたのである。

開講・釈菜

明倫堂発足当初、年頭の開講日には、七代藩主宗勝が親書した「明倫堂」扁額をお側より貸出して堂中に掲げた。そのため藩校からは、前日の中に典籍職が御小納戸方へ額の借用に出向き、科目ごとの開講の儀式が終了すると返却した。額は長持ちごと出し入れしたようである。

また、春秋二度、明倫堂の聖堂では釈菜が執り行われたが、「神儀」（ご神体に相当するものか）を作り、その都度御側より貸し出していた。天明六（一七八六）年二月十二日の記事には、「前日七ツ時過ニ典籍之者罷出受取」る手筈になっており、御小納戸・御茶道・足軽ら「掛り之者」四名が定められた装束で手渡し、翌日も、同じ者らによって受領し、所定の場所に納めるよう手順が示されている。奥向きに保管されているものの出納業務であるから、御小納戸が関与したのである。なお、釈菜が終了すると、その旨を督学が藩主に直接報告し御礼を述べるために登城した（天明六年二月十三日）。文政六年八月十二日の記事によれば、前日に、督学以下十六名の藩校側担当者が挨拶に登城している。

四　おわりに

以上、尾張藩校の様子を藩主や側近たちがどの程度知り得たか、そのためにどのような機会をもったかを管見した。中奥に勤務する者は、外様とは異なる様々な制約下にあり、誓詞を提出して厳守させられた。親戚つきあいや交友はもちろん、城中での不要な接触は認められなかったばかりか、藩校での学習、私邸での稽古もまた社会的な側面での制禁が慣行的に保持された。

それゆえ、藩主をはじめ中奥勤めの者たちは、城外の事情に疎かったと思われがちであるが、実際には必ずしもそうではなく、藩主の学問の師がもたらすもののほか、御小納戸役等は職務上の必要から藩校やそれに関わる人間の情報をかなり持っていた。事情は、側用人衆や奥向きの諸役においても同様であったと考えられる。

小論では、藩校の情報に限ったが、広く領内の教育文化の事情についても、「御小納戸日記」は記録している。たとえば、文化十年十二月二十六日の記事によれば、勘定奉行から、海東郡万場村の孝女とわに対して表彰した旨の報告書とともに、女の行状書が提出されたので藩主の御覧に入れたとあり、また、嘉永六年十月二十一日にも、丹羽郡上奈良村良助の表彰記事がある。その「行状書」には、良助が「文化元年　手習師匠相始、当時百余人教子有之」と村落の教育にも尽力する様が記されており、領内の教育事情の一端を知る機会になったと思われる。藩主は、存外下情に通じていたのかもしれない。

【注】

（1）『日本学校史の研究』二七五—六頁。
（2）石川謙『同書』は各藩校の平面図を示し、学習の場やそれに関わる教育形態を検討した先駆的な仕事である。また、城中の問題ではないが、学問形成の環境的条件を実態的に検討したものに、江森一郎・竹松幸香「加賀藩与力、中村豫卿の学習・教育環境と文化サークル」『金沢大学教育学部紀要（人文科学・社会科学編）』四六号（一九九七年）一—一七頁ほかがある。
（3）、（7）、（8）拙稿「尾張徳川家御側役の服務慣行と教育」江藤恭二監修『教育近代化の諸相』名古屋大学出版会、一九九二年、一四一—一六〇頁。同『近世大名家の教育における「奥」「表」関係の成立と発達に関する比較制度史的研究』（一九九五～一九九六年度文部省科研費補助金（基盤C～2）成果報告書）など参照。
（4）『名古屋市史』政治編二、名古屋市役所、一九一五年、一六頁。
（5）松平太郎『江戸時代制度の研究』柏書房、一九六六年。深井雅海「江戸城本丸御殿図に見る中奥・表向・大奥（中）——その変遷を中心に——」徳川林制史研究所『研究紀要』二八号（徳川黎明会、一九九四年）。
（6）「昔咄」七『名古屋叢書』正、二四巻（名古屋市教育委員会、一九六三年）一八二頁。
（9）拙稿「尾張徳川家御側役の服務慣行と教育」参照。
（10）拙稿、徳川林制史研究所『研究紀要』一九七七年度号、四八五—五〇八頁。

第六章　「ふさ覚書」——中島三伯文書の言問《こと》い——

田中　英夫

はじめに

名古屋大学内で『通史』編纂事業の歯車(1)が公かつ全学的に、甚だ緩慢ではあったが回り始めたのは一九七三(昭和四十八)年以降のことである。名古屋大学附属図書館長横越英一は同年十二月、「名古屋大学関係史料委員会」を附属図書館商議員会に立ち上げた。同委員会が学長直属の「名古屋大学歴史編纂準備委員会」へと発展した後の一九七六(昭和五十一)年一月十日、横越館長は『中日新聞』朝刊紙上で、名古屋大学史に関する史料提供を市民に呼びかけた。翌二月の三日、古川図書館(名古屋大学附属図書館)を一人の婦人が訪れた。応接したのは当時の事務部長男沢淳と参考掛長であった筆者である。訪問者は大森千鶴子と名乗られた。中島三伯(一八二四〜七四、二代であるが、以下「三伯」とのみ略称)の曾孫の由。『中日新聞』紙上で横越館長の呼びかけ記事を読み、三伯遺稿や中島家に関わる様々な文書が代々伝えられてきたので、何かのお役に立てばと思い、本日持参したとのことであった。

名古屋大学の淵源は、史料上、一八七〇(明治三)年頃、伊藤圭介(一八〇三〜一九〇一)が石井隆萼(一八一一?〜一八八四)、三伯と連名で名古屋藩庁に建議した「洋学医庠《しょう》」(洋医学校)設立案にあるとされ、この連署した三名が名古屋大学の「開学の祖」と見なされてきた。伊藤圭介はその出自、事績ともこの尾張の地では余りにも著名であり、石井隆萮もその概略は判明している。これに対し、一人三伯のみは「奥医師としてその名が見えるだけで、伝を詳かにしない」と、史料蒐集に十数年の歳月をかけた『名古屋大学医学部九十年史』(2)ですら一行足らずの記述に過ぎない。

応接した我々は持参されたこの一群の文書を瞥見して、この歴史的空白を埋めるに足る貴重な文書かとの期待から、この文書一式を正式に附属図書館長名で借用した。この文書の複写物は、当時、名古屋大学歴史編纂準備委員会、同歴史編纂委員会ともに委員長が附属図書館長であった関係で、附属図書館準貴重書室に置かれていた。

男沢部長はこの文書に基づく調査を名古屋大学医学部、あるいは同高木家文書調査室に依頼したが、ともに多忙との理由で果たされず、結局、筆者が公務―参考調査―としてその任を負った。筆者のエッセイ風リポート(3)では、依拠したこの文書を「ふさ史料」と仮称したが、『名古屋大学五十年史　通史』では「中島三伯文書」の呼称が用いられた。原本が学外の大森千鶴子氏の手許にある点が、量の多寡だけでなく、原本を保有する高木家文書等の他の学内所蔵文書とは大きく異なる。量も乏しく系統だった史料でもないが、こと名古屋大学創設前史、あるいは幕末・維新期の尾張医学史に関しては、限りなく様々な言問《ことと》いを我々に発している。

一　文書の特徴

大森氏から貸与された「中島三伯文書」は、氏子札や若干の印刷物などを除けばほとんどが和紙に毛筆で認められた文書で、大半が控、下書、ないしは草稿である。便宜的に類別すれば中島家譜関係一六点、三伯履歴関係八点、事績関係五点、書状八点、日記一点、和歌漢詩六点、医薬関係二〇点、雑一六点、総計八〇点、複写枚数四八九枚（原本丁数にほぼ同じ）からなっている。ただしこれに、大森氏が一九八一（昭和五十六）年八月再々来館されて貸与された下村ふさのメモ帳一冊、上林重治氏が一九八二（昭和五十七）年十月、郵送で貸与された三伯の肖像写真の複写、および同封提供された家譜関係文書（複写物）二葉をも加えるのが妥当かもしれない。

各文書の書写者は、三伯が大半であるが、初代の中島三伯（一八一一～一八四六）、中島玄杏（?～一八三七）等に、名古屋藩庁、愛知県、愛知県病院などの官庁も加わり、雑多である。が、ここで特筆すべきは三伯の孫下村ふさの綿密な整理作業であろう。下村ふさ（「メモ帳」）によれば、失意（後述）のうちに没した三伯の跡を長男鐘吉（一八五六～一八九二）が継いだが、医家ではなく、あまっさえ早世するに及んで中島家は一旦絶える。後に三伯次男の録之助（一八五九～?）が三伯の実家伊藤家を継ぎ、この録之助の次女ふさ（一八九八～?）は下村家に嫁した。

「中島三伯文書」がどのような経路で三伯から次男へ、そしてその次女ふさへと至ったか、またその時期もともに不明であるが、ふさがこの文書を整理した時期は自身の記述によって昭和三、四十年代、晩年の六十歳代であったと知れる。

……孫子の末迄でも偲ぶ為めにも……一生の私ニ果《ママ》せられた大切な仕事として仏命のようにおもひ一心ニ成て書いたのである……
…／昭和四十一年六月十八日／孫　ふさ／六十八才[4]

ふさは主要文書の一点ごとに説明文を添え書きし、また、必要に応じて注を貼り込み、あるいは崩し字の書簡全文を読みやすく書き換えするなどして、子々孫々の便を図った。この添え書きや注の行間からは、尾張藩医としては位人臣を極めながら、医家中島家が二代目の三伯をもって絶えた悲運に対する孫ふさの痛恨無念、またそれだけにいや増した祖父三伯に対する思慕、憧憬、哀惜の情までもが漂う。この小文ではこれらの添え書きや注を一括して「ふさ覚書」と呼んでおこう。

「ふさ覚書」には若干、誤解や表現不足も散見するが、この文書の注釈としての価値を損なうものでは決してない。筆者も「ふさ覚書」に援けられながら辛うじてこの文書の大まかな輪郭をたどることができた。以下、その文書内容の一端に触れながら、中島家と三伯の半生を辿ってみよう。

二　中島家譜

まず、中島家の家譜に関係する文書を列挙してみよう。

（記入順：書写者　「標題」　書写年月日　括弧内は引用者補記）
中嶋玄杏「文政十三年寅九月家督之節差出ス／宗門根一札／勤書／先祖書／親類書／遠類書」文政十三年九月
中嶋三伯（初代）「親類書下」天保十年十二月、「勤書」天保十三年八月カ、「急養子奉願候覚」弘化三年十二月、「急養子奉願候者伊藤玄周倅伊藤玄伯」弘化三年十二月
中嶋玄伯（二代中嶋三伯）「親類書下」「遠類書」弘化四年二月
中嶋三伯（二代）「親類書」　年月不詳、（「中嶋三伯（初代）墓碑銘草稿」カ）年月不詳、（「戸籍届」カ）明治四年（「氏子届」カ）書写年月不詳、「婿養子離縁御届」明治五年十一月、（「中島熈送籍願」）同上年月、「送籍状エ御検印之儀願」同上年月、（「中島家戒名一覧―自明治七年一月至三十年五月没」）書写年月不詳
下村ふさ（「メモ帳」）書写年月不詳
上林重治提供（「中嶋家譜関係文書」）書写年月不詳　（複写物）

（本小文中、「中島」「中嶋」の表記はは原本による）

以上の各文書を総合して作成したのが、「中島三伯関係家譜」（文末表1）である。四家の錯綜した系図が物語るように、中島三伯家は歴代養子相続であった。当時の医家は代替わりの際、家の名――評価――を挙げる、最低限でも同一水準を保持することが至上命令であった。ために実子を差し置いても優秀な人材を親戚縁者の中から物色して養子に迎えたのである。

三伯も養母温厚の実弟中嶋三碩（生没年不詳）の長男熈《ひろし》（春海、一八四一～？）を幼少の頃から手元において養育し、一八五三（嘉永六）年には養子に迎えて長女登里（一八五一～？）と娶せた。一八七〇（明治三年）には松本順（一八三二～一九〇七）の蘭疇舎にも入舎(5)させるほどその将来を嘱望していた。しかしながら、養子熈は中島三伯の膝下で生育する実子に義理立てし、故意に遊興に身を持ち崩して(6)一八七二（明治五）年の暮れ、三十二歳の当時では男盛りの身を「不熟」(7)の故をもって離縁される。実子は医術修行とは無縁で、新たな後継者も定まらぬ焦燥のうち、一八七四（明治七）年、松の内に三伯は没した。次いで拝領した家屋敷までも横領され、遺された長男鐘吉以下四人兄弟と母、祖母の六人家族は明道町の借家住まいの身に落ちた。熈の善意からの義理立ては結果として中島三伯家を一気に没落させてしまった。養子に依存した家督相続が裏目に出た結末となった。

三　二人の三伯　――藩医の時代――

初代三伯の実家は、尾張藩海東郡津島村の村医伊藤家である。伊藤玄周（生没年不詳）の長男三伯は、父から「李朱ノ流ヲ学」(8)び、また、「南皐先生吉雄君ヲ師トシ遠西医術ヲ学」んで、若年ながら数十里四方から患者が訪れるほど医師として信頼を得ていた。しかし、何らかの「事ニ激スル事アリ……寒郷驥足ヲ伸フルノ地ニアラス」と二十五歳にして江戸に出た。四谷に住まいして開業、すこぶる好評で尾張藩のお目見えも済ませ、やがて一八三七（天保八）年、藩命によって尾張藩小普請医師中嶋玄杏を継ぎ、中嶋三伯を名乗った。以後、奥詰医師、寄合医師、御番医師と進む。実弟伊藤脩徳（長じて玄伯）を父母の没後引き取り、「慈愛父母」に勝る養育振りで、若年より自らの手許で医術を修行させてもいた。一八四六（弘化三）年三十六歳で没したが、没後、急遽初代三伯名義で同年十二月、この実弟玄白を養子に迎える手続きが執られた(9)。その後、二代目となった三伯の履歴を、一八四七（弘化四）年から一八七〇（明治三）年にわたる自筆の「勤書」から順次、最小限ではあるが摘記してみよう。

弘化四年未二月　養父三伯願置候通／養子被仰付……寄合御医師被仰付候
嘉永三戌三月　御番御医師被仰付候
安政五午七月十五日　……奥御医師見習／被仰付候……御簾中様御匕《おさじ》（担当医）手代（代理）相勤候様ニ／与之御事候旨被仰渡候
同（文久三戌）七月三日　奥御医師被／仰付候……定府被相解……
同九月　此表（国元）エ罷登候上も／御簾中様御匕手代相勤候様／可心得旨被仰出
同（文久四年）二月九日　御簾中様御匕手代相勤候儀／御免被遊／御同所様御匕相勤候様ニ与之御事／候旨被／仰渡候
同（慶応二丙寅五月）十五日　大納言様（徳川慶勝）御匕手代相勤候様ニ与之御事候

藩主徳川義宣（一八五八～一八七五）の後見として尾張藩の実権を握る徳川慶勝《よしかつ》（一八二四～八三）は、徳川御三家にある身ながら尊皇攘夷論者でもあった。慶勝すなわち尾張藩が幕府、勤王何れに組みするかによって幕府の命運が決する、と言っても過言でない歴史的状況下では、勤王派、佐幕派双方にとって、慶勝もまた一個の「玉」に外ならなかった。一方、慶勝にしてみれば、朝廷と幕府の融和――公武合体――論以外に身の置き所はない。しかし、東西奔走するこの時の慶勝は尾張徳川家長としての心労ばかりでなく、頑固な持病にも悩まされていた。瘧《おこり》（マラリア）である。三伯「勤書」から関係する記述を一、二拾ってみよう。

大納言様（慶応二年）五月以来極度／御瘧疾ニ付其節ニ昼夜／詰切石井隆庵と申合同様／相勤申候（張込）
同十月十九日　大納言様御上京御供被仰付候

一八六七（慶応三）年十月十四日、幕府将軍徳川慶喜（一八三七〜一九一三）が提出した大政奉還上表を承けた朝廷は、諸侯に衆議させるのに先んじて慶勝ら雄藩の実権者八名を召集した。瘧持ちの慶勝は上京に際しても片時たりと、石井隆庵と三伯の二人を手放せなかったのである。

鳥羽伏見の戦いで幕軍は敗走し、一八六八（慶応四）年の正月七日、倒幕の大号令が発せられるに及んで、慶勝の公武合体路線は一瞬にして霧消し、国元も勤王佐幕を巡って揺れた。のみならず事ここに至っては、会津藩主、桑名藩主がともに実弟という慶勝の血縁関係は、朝敵のレッテルをさえ張られかねず、そうなれば尾張藩の存立に関わる怖れも生ずる。

折りも折り、尾張の国元から、幼藩主義宣を擁して佐幕派が結集し幕府軍に走る、という風聞が京都に伝えられた。「朝命」を承けて慶勝は直ちに帰国の途につくが、何故か名古屋城を目前にして清洲で一泊する。正月十九日のことである。

同（慶応四戊辰正月）……御帰国被仰出美濃路五日振／御旅行之処清洲ニ而／御一泊……

深更、慶勝の宿を訪れたのは、一時《いっとき》遅れてともに帰国途上にあった家老成瀬正肥《まさみつ》（一八三五〜一九〇三）である。慶勝は家老成瀬と「朝命」について最後の詰めを行った。この密議を、憶測の域を出ないが、たえず寝所間近に侍ったはずの三伯が漏れ聞いた可能性も、無くはない。

同（正月）……廿日ニ御着城被遊同日／御供ニ而帰着仕候

慶勝が帰城したその日から名古屋城内は朱に染まった。御年寄列渡辺新左衛門（一八二〇～六八）の他、城代格、大番頭格の重臣三名がまず斬首され、ついで十一名が自刃を命ぜられた。「朝命」によってさしたる確証もなく、佐幕派と目される面々の大粛清が唐突に断行されたのである。「朝命」を「三世記事略」(10)から摘記しておこう。

……国（尾張）中　姦徒虚を窺ひ不良の志を逞ふせんとするの勢も有之趣に相聞候付、兼而禁闕の守衛被命候得供不得止暫時御暇を賜候間、早々帰国姦徒誅鋤近国の諸侯を慫慂し勤王の志を奮発せしめ……

あやふやな根拠であろうと、藩内の佐幕派を粛清一掃することで公（勤王）と武（佐幕）の狭間で揺れる藩論を統一し、慶勝をして勤王の旗幟を鮮明にさせ、併せて逡巡する諸藩を朝廷側に踏み切らせる。このシナリオを描いたのは一説(11)によれば慶勝と勤王派の在京重臣で、岩倉具視（一八二五～八三）に図って「姦徒誅鋤」の朝命を発せさせたと言う。しかし、岩倉が逆に尾張藩を手玉に取ってこのシナリオを強制したとも解せられるが、裏付け史料はない。断罪者中最高位の渡辺新左衛門が「青松葉」と呼ばれていたところから、この事件は「青松葉事件」として尾張では語り伝えられたが、処断の余りの理不尽さに、刑を執行した介錯人が三十有余年の間に全員変死するという禍々《まがまが》しい後日談(12)をも派生させた。この「青松葉事件」の直後、三伯は尾張藩医の頂点――慶勝担当医――に登り詰める。

同（慶応四戊辰）二月十七日　大納言様御匕相勤候様ニ与之／御事候

三伯は元々江戸定府であったから尾張では仮住まいの身であったが、同年九月、慶応から明治へと改元した九月、家屋敷をも拝領する。しかし、その屋敷は「青松葉事件」で処刑され、没収された林紋三郎（？―一八六八）の上屋敷であった。

中嶋三伯／願之趣有之候付林紋三郎上り屋敷／之内弐百七拾四坪余家作之内切分ケ／被下置候……／九月二日

四　維新後の三伯

三伯「勤書」によれば明治維新後も三伯は変わることなく、慶勝、義宣父子、御簾中の診療に当たっている。

明治二己巳　春二月　……今般大納言様御上京之節御供相勤候様ニ与／之御事候

同　秋七月　中将様（義宣　名古屋藩知事）御在京中御容体（体不調）ニ付急／御使被命早速ニ而上京御療養向／
三村玄澄と申合相勤御床払迄滞立……

同　八月　尚又右之通被命泊御番を茂／相勤／山田梁山／中島三伯／三村玄澄／小達宗益／藤浪万得／村瀬立斎

明治初年、名古屋大学創設前史関係の重要な史料断簡三点が三伯を巡って顕れる（詳細は『名古屋大学五十年史　通史』

一、名古屋大学出版会、一九九五、四〇—四七、五五—五六頁を参照されたい)。その第一は「中島三伯文書」中の「ふさ覚書」によれば三伯の手になる「医学之御制度」である。旧藩医位階の使用、「復古相成」の言、尾張藩「明倫堂」「医学館」存続中の表現などから、王政復古から一八六九(明治二)年末の間に草せられた、「医学館」を「明倫堂」へ吸収改組する案で、何人かに当てた答申案下書きと推定される。

一　当今文武共明倫堂エ出張/稽古被仰出候ハヽ、医学館之儀ハ/右堂中ニ御取建相成……

ただし、西洋医学修行についてはまだ傍流扱いで、「洋学医庠」設立建議に比すればその前段階試案に止まる。

次いで第二の史料として、一八七〇(明治三)年(推定)の八月、「はじめに」で触れた「洋学医庠」設立建議(13)が現れる。この連署した三名が名古屋大学開学の祖の栄誉を担っているが、蘭方医で尾張種痘所の代表格伊藤圭介が、旧藩医の頂点にあって、しかも漢方医でありながら西洋医学の卓越性をも充分認識する二人を語らって藩庁へ建議したと解される。

三伯は兄—初代三伯—から漢方本道に蘭方吉雄外科を加味した医術を仕込まれていた。一八四七(弘化四)年藩医中嶋家を継いだ年、蘭方医竹内玄同(一八〇五～一八八〇)の許へも入門し、さらには一八六九(明治二)年、短期間と思われるが、松本順の許へも入舎していた(14)。しかし、漢蘭折衷医より蘭方は希薄で、基本的には漢方医の範疇に入ろう。

一八七〇(明治三)年春以来、名古屋藩知事義宣は元々病身のところへ風邪をこじらせ、半年も床に伏したままであった。

明治三庚午三月　　三位様(義宣)御容体ニ付毎出勤必拝診/相勤候様御談有之為御薬用御丸薬/調上仕候

同　　九月　　三位様御容体ニ付毎出勤拝診/山田梁山と申合御薬用として扶氏/二百六十一方を調上候

その年の暮、藩は使者を上京させ、東京は早稲田の蘭疇医院を開院したばかりの松本順に往診を乞うた。翌日早駕籠で名古屋に着いた松本自身の言(15)によれば、侍医の「漢医輩」――三伯、山田梁山（生没年不詳）――は「肺労（結核）」と診断したが、「僥倖にして、公（義宣）の病は気管支カタル」に過ぎず、「翌朝キニーネを丸とし、進呈するに、二包にして全く解熱……隔日拝診、十五日にして快復」したと言う。松本の自慢話めいたニュアンスを割り引いても、漢方医が十カ月も手こずった病を僅か半月で平癒させた事実は、容赦なく侍医三伯らの自尊心を鞭打ったことであろう。

『名古屋藩庁日誌』明治三年第二十九号によれば、当時名古屋藩は帰田法を布告し、士族層の一部を地主または自作農に転ずる施策によって、逼迫した藩財政の建て直しを計っていた。三伯も一八七一（明治四）年正月、帰田願を提出したが、早くもその年の暮帰田願を撤回し、終身医業従事を願い出ている。

私儀先般帰田願之通相済難有／仕合奉存候処私儀年来東京ニ／住居罷在農家ニ手寄無御座随而／田園探索等茂行届不申就夫熟考／仕候処私儀弱質多病迚茂力耕ハ／難行届今俄ニ耒耜《らいし》（鋤）を学候より方今／究理実測之医術御引立之御時節／晩昏（黄昏）ニ者及候得共一際勉強衆人之／病苦を救候様心懸申度……

一時は医業を捨て田園に入り田夫野人となることを夢見たものの、目当てとなる土地はない。鎌鍬を手にしたこともなく、「弱質多病」の身では力業はとても覚つかない。「熟考」すればやはり医業以外に自らを活す術はないと悟るが、新政府の舵は完全に西欧医学に切り替えられ、長崎の医学伝習所、蘭疇舎出身の松本順、長与専斎（一八三八～一九〇二）、佐藤尚中（一八二七～八二）らが日本の医界を牛耳る「究理実測之医術御引立之御時節」である。何にも増して己自身、松本順にその威力を思い知らされた西欧医学に弱い。この時、三伯はすでに四十七歳であったが、人生「晩昏《たそがれ》（黄昏）ニ者及候得共一際勉強」と悲壮な覚悟で「医業ニ従事」を願い出た。（「終身医業従事願」）二丁目によれば、三伯は日常的な病人や貧窮者を対象とする市井の医院を構想していた。そのための財源として帰田のお手当金をも願い出たのである。

……帰田之御見込／を以御手当金下賜候様仕度左候得者／右御金を以器械書籍新薬等相備……

当初の予定では、三伯など高五十俵の者は五四四両(16)が下賜されるはずであったが、翌一八七二（明治五）年三月には帰田制そのものが廃され、三伯の構想は画餅に終わった。また、三伯は一〇丁程の日記断簡をも残しているが、冒頭は熙の離縁記事で始まる。侍医としての面目を失墜し、帰田願を撤回してまで目論んだ医院開業（あるいは拡張）の思惑は外れ、将来を託したはずの養子も離縁してしまった三伯は、一八七三（明治六）年三月、侍医の職をも辞した。二重三重の蹉跌、挫折感が「弱質多病」な体を蝕み苛《さいな》んだのであろうか。三伯「日記」には淡々とした記載がある。

（明治六癸酉年二月）十九日　本日辞職願書進達致候／（三月）八日　本日免職

おわりに

三伯が侍医を免ぜられた年の五月、愛知県権令井関盛艮《もりとめ》（一八三三～九〇）は西本願寺掛所に病院を再興した。ついで同年の夏、後任県令の鷲尾隆聚《わしのおたかつむ》（一八四二～一九一二）は旧御匕《さじ》クラスの藩医など数名を病院附属医に任命し(17)、病院の財政援助、支援広報、諮問答申をその任とするシンパサイザーに登庸した。無官の三伯もこの時、附属医を仰せつかる。次いで県令鷲尾はこの附属医などから「医学校設立ノ意見」「病院隆盛ニ赴クノ意見」を徴した。第三の史料として

「中島三伯文書」中に遺されるこの諮問に応えた建議草稿二十数葉が挙げられよう。この草稿で三伯は、愛知県の洋病院は形は一応できたが「誹謗亦随テ起リ嗷々其虚ヲ吠ル者」が多いのは、この地の人情が余りにも旧弊で、西洋医術を忌み嫌うからであり、また、医師ヨングハンス（Junghans, L. H.か、生没年不詳）が言語上、患者との意志疎通を欠いているからである、と直言している。三伯は同年の十月、『愛知新聞』第四十九号、および、『愛知週報』第三十九号の紙上に、同じ趣旨で、西洋医学を啓蒙し、病院、ヨングハンス支援の論陣を張って、旧藩主御匕、旧藩知事侍医の知名度を背景にオピニオン・リーダーの役をも果たしていた。

同年十一月、愛知病院内に医学講習所が発足する。この一八七三（明治六）の後半、三伯は、「医学校設立」並びに「病院隆盛」の建議、新聞紙上における啓蒙活動、そして病院への経済支援と、附属医として十二分の働きをなしたが、これが人生最後の残照でもあったか。翌一八七四（明治七）年正月五日、明治元年改元の九月を頂点としたそのいわば「栄光と挫折」の生涯を終えた。

ふさ「メモ帳」によれば、三伯の死後一年を経ないうちに、出入りの小嶋屋某によって「赤子の手をねじるよう安く」三伯の家屋敷は詐取されてしまった。経緯は不明であるが、この屋敷を入手したのは、当時は名古屋鎮台在勤で、後、一八七九（明治十二）年から一年余愛知県公立病院・医学校の院校長を委任された横井信之（一八四七～九一）である。一八七五（明治八）年、横井は軍務の傍らこの私宅に洋医学塾「好生学舎」を開設したが、数年で廃舎。一八八四（明治十七）年、隣地に病院を開院した。この病院は次第に内科、外科、眼科、婦人科からなる総合病院へと発展した。明治大正期、名古屋城堀端の白亜の病院、私立「好生館」は官の愛知病院と拮抗、対峙する存在であった(18)。三伯の病院設立の夢は、三伯の住まいした一郭に、横井の手で――と言うより三伯が乗り得なかった医学近代化の波に乗って――大きく花開いたことになる。

表1　中島三伯関係家譜

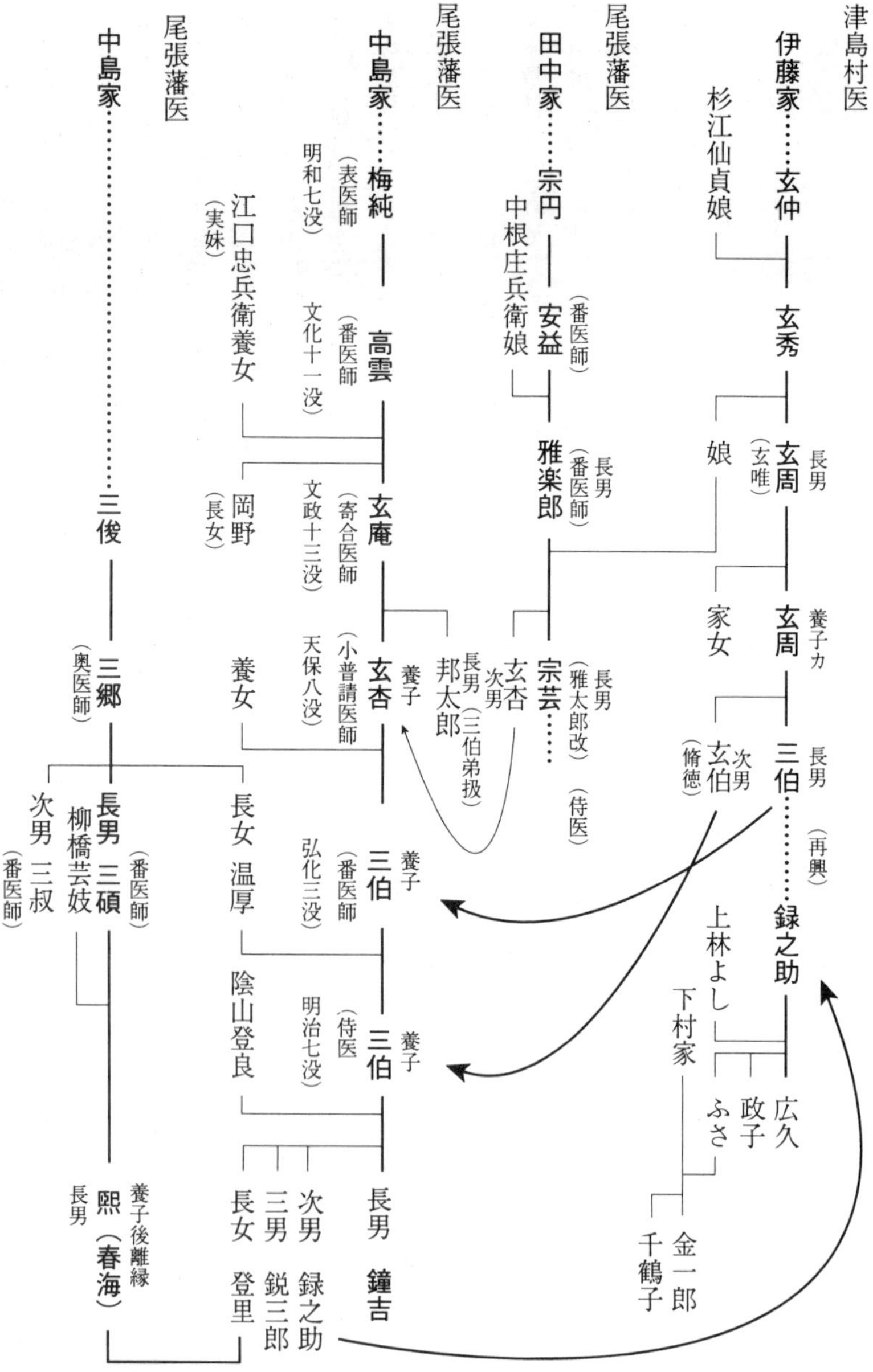

津島村医
伊藤家
玄仲
杉江仙貞娘
玄秀
娘
長男 玄周（玄唯）
家女
養子カ 玄周
長男 三伯（再興）
次男 玄伯（脩徳）
録之助
上林よし
下村家
広久
政子
ふさ
金一郎
千鶴子
尾張藩医
田中家
宗円
中根庄兵衛娘
安益（番医師）
長男 雅楽郎（番医師）
長男 宗芸（雅太郎改）（侍医）
玄杏 次男
邦太郎 長男（三伯弟扱）
尾張藩医
中島家
梅純（表医師）明和七没
高雲（番医師）文化十一没
江口忠兵衛養女（実妹）
玄庵（寄合医師）文政十三没
岡野（長女）
養子 玄杏（小普請医師）天保八没
養女
養子 三伯（番医師）弘化三没
長女 温厚
養子 三伯（侍医）明治七没
陰山登良
長男 鐘吉
次男 録之助
三男 鋭三郎
長女 登里
尾張藩医
中島家
三俊
三郷（奥医師）
長男 三碩（番医師）
柳橋芸妓
次男 三叔（番医師）
養子後離縁 長男 煕（春海）

【注】

（1）鈴木英一「大学史編纂を振り返り、将来に期待する」、田中英夫「名古屋大学関係史料委員会のことなど」『名古屋大学史紀要』第四号（一九九六年三月）一〇八―一一一、一二一―一二三頁。『名古屋大学五十年史　通史』二（名古屋大学出版会、一九九五年）九二九―九三一、九三六―九三七、九五三―九六一頁。

（2）青井東平編。名古屋大学医学部学友会、一九六一年、一四頁。

（3）田中英夫「ある藩医の明治維新―中島三伯試論」『東海地区大学図書館協議会誌』第二一号（一九七六年九月）九―十六頁、第二十七号（一九八二年九月）八―一三頁。

（4）「陰山祖父書写し」（中島三伯文書）冒頭の「ふさ覚書」。

（5）「登籍人名小記」（鈴木要吾『蘭学全盛時代と蘭疇の生涯』東京医事新誌局、一九三三年）二八二―二八七頁）。

（6）下村ふさ「メモ帳」および「ふさ覚書」。

（7）三伯「婿養子離縁御届」（「日記」）（自明治五年十一月至明治六年五月）（中島三伯文書）。

（8）以下六行は、三伯「初代中島三伯墓碑銘草稿」カ（中島三伯文書）による。

（9）初代中島三伯「急養子奉願候覚」（中島三伯文書）。

（10）名古屋市教育委員会編『校訂復刻　名古屋叢書』第五巻　記録編二（愛知県郷土資料刊行会、一九八三年）三五六頁。

（11）『名古屋市史』政治編、第一（名古屋市役所、一九一五年）三一七―三一八頁。水谷盛光『尾張徳川家明治維新内紛秘史考説―青松葉事件資料集成―』一九七一年。

（12）城山三郎『冬の派閥』新潮社、一九八二年。

（13）鈴木容蔵家記『種痘所用留』（名古屋市史資料）三三三―三五丁。

（14）三伯「医業御届」（中島三伯文書）。

（15）『松本順自伝・長与専斎自伝』（東洋文庫三八六）平凡社、一九八〇年、七九―八一頁。

（16）『名古屋藩庁日誌』明治三年第二十九号　十一月十三日／一　御手当金之儀…　／高百俵　金千五百二十八両…　／高五十俵　五百四十四両…。

（17）第一款「病院沿革略史」『自明治六年至十三年　愛知県公立病院及医学校第一報告』一八八〇年、九—一〇頁。
（18）本文および前掲の注（2）『名古屋大学医学部九十年史』六二—六三頁。

引用文　旧漢字は常用漢字に置き換えた。……は前略、中略、後略を、／は行換えを、（　）は補記を表す。また、必要に応じてふりがなを施した。

第七章　渡邊龍聖『乾甫式辞集』に見られる実業専門学校経営論

中村　治人

はじめに

渡邊龍聖（一八六五・八—一九四四・七）は、名古屋高等商業学校の初代校長を任じられた人物である。渡邊が小樽高等商業学校初代校長に就任した一九一一年以降、名古屋高商校長在任中の一九二九年までの間における式辞を中心に編まれた『乾甫式辞集』（名古屋高等商業学校、一九二九年九月）は、渡邊の商業専門教育論、ひいては高等教育政策批判の集成ともいうべき内容を持った小冊子である。

本稿は、一九〇三年の専門学校令の公布とそれに伴う実業学校令の改正によって初めて法制度上に明確な位置付けがなされた（実業）専門学校のその後の展開と、その過程にあらわれた一九一八年の大学令を一大画期とする大学への「昇格」運動に関する考察の一端緒として、『乾甫式辞集』に示された教育論・学校論の特質を整理・検討しようとするものである。

一　渡邊龍聖の経歴と『乾甫式辞集』の構成

渡邊龍聖は、一八八七年に東京専門学校英文学科卒業後帝国大学文学部哲学科撰科に入り、翌年にはアメリカ合衆国へと留学、「ミシガン大学」(University of Michigan) 文学部を経て一八九一年に「ヒルスデール大学」(Hillsdale College) 文学部を卒業すると、「コーネル大学」(Cornell University)「哲学科大学院」に進学し、一八九四年に「ドクトル・オフ・フイロソフイ」(Ph.D.) の学位を受け、帰国している。

一八九五年四月、渡邊は高等師範学校の英語の授業嘱託、一〇月には高等師範学校附属音楽学校教授兼高等師範学校教授となり、倫理学、哲学、教育学を講じた。その後、一八九八年六月には附属音楽学校主事、翌年四月には東京音楽学校(この時、高等師範学校附属から独立)校長心得、八月には正式に初代校長に就任している。渡邊は後にこの当時を回顧して、「吾輩は東京音楽学校を高師から独立せしめ、日本の芸術教育界に一つのエポックを作つた」(1)とする。実際、この間に発揮された行政手腕には見るべきものがあったようで、一九〇二年、渡邊は清国直隷総督袁世凱の学務顧問として招聘されることとなった。

清国直隷総督学務顧問としての渡邊の活動についてはすでに阿部洋「清末直隷省の教育改革と渡辺龍聖」(2)において紹介されているのでそちらに譲るが、渡邊は一九三六年二月段階で、「北京天津を中心とする北支地方に多数の学校を設立した。この仕事が今日如何なる成果を結んでゐるか詳かでなかつたが、昨年来名した一支那人の話では、これらの学校で教育を受けた北支那人は排日の扇動にも容易に乗ぜられないといふことだ」(3)と伝えている。後半の「排日の扇動にも容易に乗ぜられない」というくだりは、日中全面戦争の開始を翌年に控えた当時にあっては、渡邊の大いなる「自負」

の表現と見ることができる。

もっとも、阿部は上記の論文において渡邊が第一に着手した直隷師範学堂の例を挙げ、「この学堂では、当時各地の日本人教習にしばしば見られたような不品行や仲間どうしの抗争などといった問題もなく、彼等の評判は悪くなかったようである。一つには、教習の人選にあたって、渡辺がすべて嘉納（治五郎 - 引用者注）など東京高師関係者をへて学力、人格ともにすぐれた人材を厳選、また中国側との間でもしっかりした契約を締結していたことも理由として上げられよう」(4)と、当時の渡邊の施策の手堅さを記している。この後小樽、名古屋の両高等商業学校の創設を託されることになる渡邊には、行政官僚あるいは学校経営者として期待される一定の力量が備わっていたことは確かであろう。

渡辺が直隷総督学務顧問を解約となったのは、一九〇九年末である。渡邊は、帰国後間もない一九一〇年一月、東京高等師範学校教授に任じられると同時に倫理学修身教授法研究のためドイツへ留学した。当初二カ年の予定でありながら翌年一月に渡邊は呼び戻され、帰国と同時に小樽高等商業学校長となる。この間の事情について渡邊は、「時の文部大臣小松原英太郎氏が予に高等商業学校長の椅子を擬せられたとき、予は産業教育なるものに全く無経験であつたから、しばらく欧米視察の後に引受の諾否をすべきことを約した。ベルギー、ドイツ其他各国の実業教育施設をつぶさに視察したる結果、予は商業教育、実業教育こそは日本の国力の発展、世界文化への貢献に至大の関係あることを痛感するに至り、帰朝後進んで前述の役目を引受けることを申出でた」(5)と説明している。

一九一七年、文部省は高等商業学校増設のため、一九一八年度予算に第六高等商業学校設置予算を計上、第四十回帝国議会でこれが承認可決された。小樽高商の創設校長を務めた渡邊は、この第六高商創立委員長に任じられている。一九二〇年一一月に名古屋高等商業学校が設置されると、文部書記官粟屋謙がその校長事務取扱を命じられた。渡邊はこの年の八月より欧米各国への出張中であり、一九一一年四月の帰国後直ちに粟屋に代わり校長事務取扱に就任、一一月二八日付で正式に校長となって、一九三五年五月、依願免官となる。この間一九二一年八月には、東京帝国大学より文学博士の学位を受けている。

『乾甫式辞集』の基本的性格については冒頭で触れた。この冊子は、名古屋高等商業学校の発行とされ、印刷も、渡邊の実業教育論に基づいて同校に設置された能率実践工場（後述）において行われている。

目次は以下のとおりである。

六、昭和開元第一元旦の式辞
七、聖上陛下に奏上せしことば
八、昭和三年戌申《ママ》の春を迎へて
九、直轄学校其他に於ける祝辞
其一　大正十五年三月　和歌山高等商業学校第一回卒業証書授与式に於て
其二　大正十五年十月　高松高等商業学校開校式に於て
其三　大正十五年十月　横浜高等商業学校開校式に於て
其四　昭和二年　一、渋沢子爵米寿祝賀記念出版の折柄に
二、首相招待の午餐会席上に於て一同を代表して
其五　昭和三年六月　名古屋市立第三商業学校新築落成式に於て
其六　昭和三年十月　高岡高等商業学校開校式に於て
其七　昭和三年十月　愛知県立第一中学校五十周年記念式に於て
其八　昭和三年十一月　彦根高等商業学校五周年記念式に於て
其九　昭和四年十一月　岐阜高等農林学校植物園設定式に於て
其十　昭和四年二月　中京商業学校野球場設定披露式に於て
十、小樽高商開校当時の思出
十一、補論
其一　商業経済の帰趨としての世界経済
其二　産業振興と教育の改善

式辞以外で収められた数編について、渡邊は「はしがき」の中で「一面之れ等が式辞に近似せると、又他面には、之れ等が予の倫理上若くは教育上の所信の発露であり、従つて予の手に成れる総ての式辞の由りて来る源泉とも見らるべしと

思ひしが故なり」と説明している(6)。この中では特に、「補論其二　産業振興と教育の改善」が渡邊の社会観と学校教育論とを概括的に示し、渡邊の言葉どおり各式辞の背景を補足している。

以下では、実業教育振興論、商業専門学校論、大学昇格運動への批判という三側面から、論点を整理・検討する。

二　実業教育振興論

「補論其二」として収められた「産業振興と教育の改善」は、大戦景気と戦後恐慌という大きな経済的変動を経た一九二五年五月に開催された直轄実業専門学校長会議での文部省諮問事項「実業教育ノ改善ニ関シ社会ノ要求ト認ムヘキ事項並之ニ対スル方策」(7)に対して、渡邊が所属した商業部会で行われた審議、答申を一つの契機としてまとめられたと思われる一文で、『乾甫式辞集』中もっとも長いものである。そこで展開される渡邊の学校制度改革の論点は次のようなものである。

自給自足主義の産業とこと変はり、世界的に有無交易の時代となつて見れば、単に修養ある国民と云ふ丈では国威を発揚することが出来ない。農・工・商各職業に充分なる理解と技能とを備へ、適材が適職に就き其能力を完全に発揮するにあらざれば、国利民福を増進することが出来なくなつたのである。加之、農・工・商の各職業が、器械の発明改良や、金融機関・交通機関の発達、科学・人文の進歩につれ、日に増し複雑になり、昔日のやうに見なれ・聞きなれ・手なれと云ふやうな単純なことでは間に合はなく、ドウしても職業教育の力を借りなければならなくなり、斯くして職業教育と云ふ新意義が教育に含まれなければならなくなつたのである。乃で今の時代が要求する教育は、公民としての修養的訓練と職業的訓練とを国民全体に徹底せしむる所のものでなければならぬ(8)。

これがライトモチーフとなって、渡邊のさまざまな主張が披瀝されることになる。すなわち、時代状況に見合った制度をそれまでの実績や要求に左右されることなく導入するのでなければ、教育は「国利民福」に貢献することが出来ない。ところが、現実として「社会万般の制度は日進月歩であるに係はらず、教育丈は取り残されて、今では全然時代遅れの感」(9)がある。経済的危機状況に見舞われているこの時にこそ「軍国組織に義務徴兵が必要である如くに、産業立国には義務産業教育が必要」なのであり「国民皆兵の産業動員」を行うためにすべての教育機関を「改善」しなければならない(10)。それは「カルチユア・エーム即ち人格的修養と、ヴオケーシヨナル・エーム即ち職業的訓練」(11)とのバランスにかかっている。渡邊の学校（教育）改革論は、そのように展開していく。

では、渡邊の言う「職業教育」を重視した「改善」の必要な学校制度とはどのような現状にあるというのであろうか。それは、教育者を含めた「多数国民が教育に対する真の理解を欠いて居る」(12)ことを主要因として、多数の国民が少数の国民のためにつくられた小学校から大学までの「階梯教育の犠牲」となっている状況であるという。

教育者は、小学から中学、中学から高等学校、高等学校から大学、之を教育正系と呼び、他の実業学校や専門学校を傍系と呼んで居る。正系傍系の詞が既に何を意味しているかを表明する。何も知らない児童や其の父兄は、妾腹扱の実業学校よりは、嫡子扱の中学校がよいと思ふは当然である。父兄としては、己の子供に自惚れの心のないものは少いから、大学までも進学のできる中学に入学せしめたいと思ふは当然である。又小学教員としては、自分の教へ子から一人でも多く大臣候補者を出したい、それには最高学府まで攀ぢ登り得る正系の中学入学を奨励するは当然である。〔中略〕勿論学者理論家も国の為には必要であるから、か丶る制度も全然不必要なりと云ふ訳ではないが、斯る制度を教育正系とし、国民全体を此の方向に向かはしむるを教育の第一義となす教育為政家の方針に対して、聊か疑義を抱くのである。〔中略〕少数の大才が、大学の畑から出たからとて、大学の畑にあるものが悉く大才になるといふことは出来ない。否却つて、多数の者は、余り長く教育の畑に置かれた為に社会生活に不適当となる恐れがあるのである。〔中略〕高等学校は専門教育の中に這入つて居るに拘はらず、勅令では普通教育完成所となつて居り、然も実際は大学予備門である。

之は制度の矛盾である。速に改善して専門教育を授け、独立の教育機関たるの目的を達せしむべきである(13)。

すなわち、それぞれの学校が次なる階梯への予備教育学校化の度を進めることによって、本来各学校に見込まれているはずの、各勅令に規定された教育目的を全うせずにあることが、渡邊をして学校制度に対する批判の言を発せしめるのである。

小学校であれば、小学校令(一九〇〇年)第一条に「道徳教育及国民教育ノ基礎並其ノ生活ニ必須ナル普通ノ知識技能ヲ授ク」と目的規定がありながら、その実、「所謂三Rの基礎工事に没頭し、生活に必須なる普通の知識技能を授くるてふ第二項の然も主要なる目的は全然閑却され」(14)、特に都市部の学校では「少数児童の中等学校入学準備の為に全校が予備校化されている」(15)。この状況に対しては、「実業補習教育の義務制度実施が最適切」(16)の施策であろうというのが、商業部会の結論でありかつそれについての渡邊の解釈である。そして、高等小学校については、「学科半分実業半分と云ふやうな土地の状況に適したる職業準備学校に改むる」(17)方向性が提示される。その際に着目されるのが乙種実業学校である。

我国の乙種実業学校は誠に結構な制度であるに係はらず、大体として振はない。せっかく乙種として創設されても、まもなく甲種昇格の運動が始まり、経費の都合がつきさへすれば看板の塗り替へをするのである。その原因は至つて単純である。先づ第一に乙種と云ふ看板を、職員も生徒も嫌ふのである。第二には看板に伴ふ差別的待遇を嫌ふのである(18)。

こうした学校制度の解釈も、教育の目的とその程度という社会制度としての機能面を重視すればこそ得られるものであろうし、この理論は、後に触れる渡邊の大学昇格運動批判に用いられているものである。

中学校に対する批判も同様に展開される。そして、「乙種」実業学校が「甲種」への転換を望むことで本来有効であった教育機能を放棄していくのと同じ轍を「甲種」実業学校が踏むことを渡邊は危惧するのである。

農・工・商の実業学校は、今の所では、中学教育に比すればよりよく中等教育の目的を達しつゝあるが、これも亦近来稍々予備校的気分に襲われつゝある。最近之等の学校に、高等学校の門戸が開放せられたに由り、一層其の気分が濃厚になりつゝある(19)。

この後の階梯となる高等教育機関に対する批判も、やはり同様の見地から展開されていく。高等学校令における七年生高等学校原則が実体として大学予科に偏重していることへの渡邊の批判は、小中学校に対する発言を見れば説明するまでもないだろう。最後に、渡邊が直接経営に参画している（実業）専門学校に関する発言を見る。

専門学校についても、渡邊は社会的機能の観点から制度的矛盾を指摘する。一九〇三年に公布された専門学校令については、「運用の精神さへ時代に適切であるならば改正を見るの必要はない」としながらも、一九一八年の大学令によって、「単科大学の設立が認めらるゝやうになつてから、専門学校の立場がなくなった」という(20)。

専門学校設立当時には、大学は学術の蘊奥を考究する総合式所謂帝国大学のみであり、且は単科大学なるものは認められなかつたから、専門学校は名分は専門学校でも、内実は英・米・独に於ける専門学校の如くに、単科大学の役目を勤めて居つたのである。〔中略〕大学と云ふも、専門学校と云ふも、専門教育の内容は同一である。只大学は高等学校を経るなり或は予科を経て入学するから、予備教育の年限が長いと云ふ丈に過ぎない(21)。

そして渡邊は、大学の各学部も専門学校も同じく専門教育を担うものである以上、修業年限や予備（基礎）教育年限の如何は各専門領域の性質により規定されるべきであるのに、学校種別や依拠する学校令により一律に規定されてしまうことの不合理を指摘する。そして、単科大学の設置が認められるのであれば「今の専門学校を、現在の儘で看板の塗替をさしてもよい」のであり、大学の学部と専門学校とが専門教育を適切に担うことで、帝国大学は「グラデユエート・コース」を本体として、学問の蘊奥を考究する最高学府としての本領を発揮しうる、それが、渡邊の高等教育観であった(22)。

三　商業専門学校論

倫理学が専攻である渡邊は、教員養成の色彩が強い東京音楽学校の校長を務めはしていたが、小樽高商の校長に就任するにあたって、欧米の産業教育の視察を行っていることは先に触れた。しかし、この視察の内容・成果等についてここで触れる準備はなく、他日を期さざるを得ない。したがって、以下では、校長を務める渡邊の小樽および名古屋での実務過程における発言のみを検討することになる。

『乾甫式辞集』中もっとも時期が早いのは「小樽高等商業学校に於て第二回入学生を迎へて」である。小樽高商の開校は一九一一年、第二回生の入学は一九一二年であった。この中で渡邊は、「諸子が現在学びつゝある所は高等専門学校である。高等専門学校は、階梯の学校ではなくて終局の学校である。故に其教ふる所、学ぶ所は、早速実世間に出で活用し得る底の実用的でなければならぬ、応用的でなければならぬ、或学科に偏重してはならない、或は卑近であるというて、軽視する様なことがあつてはならぬ」(23)と高等商業学校の位置づけとその教育の在り方とを述べている。「実用」は渡邊が強く意識していた点であり、一九二六年の名古屋高商の卒業式に際しては、高等教育に求められる「実用」をまた別の側面から表現している。

社会は諸子の為めには無上の大学なり。世に所謂大学は実大学の模型である。書物や学者の脳裏にある学問は、実学の写真に過ぎない。諸子は今日まで我校で仮想的学問をして来たが、今日以後は実大学に入り実学を学ぶのである。〔中略〕仮想大学の試験は、実大学の淘汰試験に比すれば児戯に等しい。今日までの諸子の学問には、多少の間違があつても大した反響はなくして糊塗することが出来たが、今日以後諸子が学ばんとする実学はそうは行かぬ。一つ間違へば直ちに反動が来るのである。〔中略〕大学と云ひ専門学校と云うたとて、何れも実社会から見れば仮想学校に過ぎない。仮想学校で学んだものが、実大学に入学して、博士じや学士じやと云うて誇るは、心あるものに笑はれる丈けのことである。仮想学校の経歴如何あるに係はらず、実社会に於て一日の長あるものは諸子の先輩である。馮りて以て教を乞ふべきである(24)。

つまり、「仮想」でしかない学校教育は、社会生活において有用であるよりも有害となりかねないとし、高等教育機関の教育と実際の生活との距離を自覚すればこそ、渡邊は「実用」ということを常に意識しているのである。では、次に「実用」を重視した渡邊が実際に創設時の経営に校長として携わった小樽、名古屋の両高等商業学校の教育についての発言を見る。

小樽高等商業学校における教育の特質は、一九二一年一〇月（この時、渡邊は名古屋高商校長事務取扱を兼任）に催された開校十周年式における式辞にまとめられている。やや長くなるが引用する。

学科の編成又は教養の方針等につきては先輩高等商業諸学校に負ふ所少からず、たゞ先輩高等商業諸学校に於て教授せざる科目にして本校独特の学科三あり、一は商業実践、二は企業実践、三は商品実験なり。商業実践科は擬営実践の方法を取り各種の商業機関、銀行、倉庫、保険、運送等の機関を設けて売買取引を文字通りに実習せしむ。其の目的は教場にて教授せられたる商業諸学科を実際に応用練習せしめんとするにあり。ジヨン、デユエー教授は学校は社会生活の準備の場所にあらずして社会其者なりと云ふ、今我輩も我校は商業社会に出づる準備を為すの場所にあらずして商業社会其者なりと思はしめんとの見地より開校以来此商業実践科に重きを置けり。次に商品実験科に於ては天産品と製造品とを分ち重要商品の製造、取扱、品位鑑定等を実験せしむ。商業学の基礎は経済学にして、経済学の応用的方面は売買と企業となり、然して売買も企業も共に商品を主体とするが故に、売買と企業と商品とが経済学の経済的価値を表示すと云ふべし。故に専門学校としての本校は経済学、商業学の理論を授くるは勿論なるも、単に之のみを以て満足せず之を活用することをも授けざるべからずとの見地より、売買実習の為めに商業実践科を起し、企業実習の為めに企業実践科を起し、商品実習の為めに商品実験科を起したるなり、之れ即ち本校をして専門学校らしき専門学校たらしめんとの素志に出でしに外ならず(25)。

続けて、名古屋高商における同様の発言を、やはり長くなるが開校五周年式（一九二六年）の式辞から引用する。基本的に小樽のものを踏襲してはいるが、授業科目が細分化され、説明もより具体的になっている。

本校教授科目の編成については、先輩諸学校に負ふ所少くありませぬ。たゞ先輩諸学校に於て全然教授せざるか或はさして重きを置かれざる学科目にして、本校に於て相当成績を挙げんと期待しつゝあるものに、左の諸科目があります。

一、商業実践　二、商品実験　三、商工心理　四、能率研究　五、産業研究

商業実践は擬営実践の方法に由り、銀行・保険・倉庫・運送等の商業機関を設け、売買を文字通りに実習せしめて居ります。目的は講堂に於て授けられたる商業諸科目を実際に応用練習せしめん為であります。元来商業諸科目はそれぞれ幾多の専門に分れて居りますが、相互間の関係は有機的なりと云うて差支ない程密接でありまして、講堂に於ける教授丈では諸科目の知識を頭脳に蓄積し得ても相互間の関係を統一的に直覚し難いのであります。然るに商業実践室に於ける取引実践に由り諸科目の要旨を一枚の数字表に顕はすことに由りて、此目的が達せられると信ずる次第であります。

嘗てロンドン市セントポールスクールの校長が我校では修身はフートボールグラウンドに於て授けると申しましたが、本校に於ては商業実践室に於て商業道徳の要旨を会得せしめたいと存じて居ります。一銀行員の手落、一運送会社の怠慢、一倉庫会社の無責任、一商店の不渡手形、之れ等が如何なる波紋を全関係者に及ぼすかは口で教へられなくても実践に由りて自から理解するのであります。

商品実験も亦小樽以来実施し来りましたが、其直接目的は製造及取扱の方法、品位鑑定等にあります。又間接には農工商の連絡を円満ならしめ、企業経営に便利を得せしめんとするのであります。或る来賓を実験室に案内したらば、「ホー此処では化学を教へて居る、高商に化学がドーして必要でありますか、ホー博物も教へて居る何の必要がありますか」と尋ねられて、甚だ恐縮しましたが、

本校では化学も博物も教へて居りませぬ、商品の実験を為さしめて居るのであります。それがドーして必要かと尋ねらるれば、商人は商品なくて算盤丈では商売は出来ませぬと御答えする外ありませぬ。

商工心理は適性検査と能率増進とを主たる目的と致して、最近に打ち立てました科目であります。元来経済の主体は人であるべき筈なるに、今までの経済学者は資本のことのみを研究して人のことは哲学者の解剖のまゝに任して置きました。然るに哲学者はまた経済嫌で、金銭から人を切り離して架空的に人をおもちやにして下りました。然るに前世紀にフエヒナーが物理の法則を心理に応用して以来実験心理が現れ、それが今日の商工心理の基となりまして、それが欧米の産業界に適用せられ出したは欧州大戦以後のことであります。

欧州大戦に米国は三百万の壮丁を動員し仏国に二百万人を送り出したが、さて彼等の分課に困つたのである。何人を歩兵に砲兵に工兵にして然るべきやに困りはて、米国諸大学の実験心理の諸教授を仏国に送り心理的実験に由りて兵卒の種類分けをした。然るにそれが非常に好成績であつた為に、それ以来米国諸会社で使用人採用に商工心理が適用せられるやうになりました。

〔中略〕

本校では能率研究の為活版工場を設けました。今までは物置の中で徒弟の養成につとめて居りましたが、漸く工場が二三日前に竣工したやうのことで、今までには何等成績を挙げて居りませぬ。只本日記念品として贈呈すべき商業経済論叢が此工場ですり上つたものであります。

又最近に産業調査室を設けました。之れは主としてハーバート大学のケースメソツドが如何なる程度まで我邦商業教育に適用せられ得べきやを調査したいのであります。現今大学並に専門学校に於て授けて居る商業科目は数多けれども、殆んど総てが商業機関学であつて商業自体の学問がないのである。幸にケースメソツドの研究に由り適切なる売買学・市場学が成立するならば多幸ならんと信じて居ります。

又本校ではタイプライターを課して居りますが、之はタイピストたらしめんの目的でなく、之に結び付けられたるコーレスポンデンスが主たる目的であります。

又簿記と商業算術と珠算とを結び付けたる授業を、昨年来試に実施して居ります。

以上申上げたる概略に由り、如何に本校が専門学校としての存在に意義あらしめんとて努力しつゝあるかを、略と御了解下さつた事と信じます(26)。

ここで確認しておくべき点は、名古屋高商の開校に前後して、小樽高商から数名の教員が転任していることである。一九二一年一月の国松豊教授（会計学・管理学）、同年六月の高島佐一郎教授（財政学）、翌年一月の小原亀太郎教授（商品実験）の三名は、渡邊の要請に応えて赴任し、小樽において培った高等商業学校教育実践を更に名古屋において展開したのである。その中でも顕著なものとして、実践工場がある。

名古屋についての先の引用中にある「活版工場」は、実践的教育の一環として工場を学内に設けたもので、学内の刊行物の多くがこの工場で印刷された。こうした実践工場を活用した教育方法は、小樽高商において国松豊が中心となって構想し、小原亀太郎の協力によって石鹸工場として設置されたのが最初であり、「日本ではもちろん、世界的にも先例の少ない画期的なものであった」という(27)。

こうした授業面や学校制度を論じる以外では、渡邊は「人格主義」的教育観を繰り返し表明する。一九二二年、小樽での第二回入学生を迎えての式辞の中で、渡邊は「諸子の在学中は、吾輩並に職員は、諸子を待つに、少年紳士を以てする故に、諸子はこの礼遇に相当すべきやう、自重心を高め、且又其品格を備ふるやう、修養を怠つてはならぬ」、そして、入学の目的を忘れるなと述べている(28)。また、「最も学生にふさはしい」として「五分刈頭を奨励」し、「勤勉」は「凡ゆる職業生活の中軸である」として「出席欠席を八ヶましく」指導したという(29)。これは名古屋高商においても継承された。

生徒入学の際に本校（名古屋高商―引用者注）の方針として二ヶの信条を提示致します。一、学生は学生らしくあれ。二、学生としての存在を自覚せよ。学生らしくあれとは先づ第一に髪の刈り方着物の着方・言語・動作共に学生にふさはしかれとの意義である。其結論として本校では五分刈り頭が学生にふさはしいと云ふことになりました。学生としての存在を自識せよとは、本校入学の目的を忘る、などの意義に外ならぬ。其結論としては病気其他不可抗力の場合を除くの外には決して授業に欠席せぬと云ふことであります。これは規則でも命令でもありませぬ。学生一同の自由意思の発露と御認め願ひます(30)。

このように生徒の自覚を促す方策として、「出来る丈規則を制定しないと云ふ方針」(31)が採られるのである。もっとも、教育という行為に関して以上に見たような「自由意志」や「規則を制定しない」といった主観的意図の表明をそのまま受け入れて評価するのは危険であり、多角的に検証する必要がある。しかしこれは、他日を期さざるを得ない。

四　大学昇格運動への批判

渡邊が高等商業学校の経営に従事することになった時点における（実業）専門学校の制度的位置づけは、専門諸学校に対する初めての独立した法規として一九〇三年に公布された専門学校令とそれに伴って行われた実業学校令の改正とにより規定されていた。すなわち、専門学校とは「高等ノ学術技芸ヲ教授スル学校」（専門学校令第一条）であり、また、実業学校のうち高等の教育を行うものは実業専門学校として専門学校令が適用される（実業学校令中改正第二条の二）というものである。これ以前の専門学校は制度的にも明確ではなく、私立を中心に、社会的地位の確立と制度的安定を求めて大学への昇格を希求していた。そこに「強制規程」として登場した専門学校令により、「高等ノ学術技芸ヲ教授スル学校」は専門学校でなければならないとされたのである。

ところが、一九一八年に公布された大学令により公私立大学および単科大学の設置が認められると、これを一大契機として各地で（実業）専門学校を母体とした大学の設置運動の気運が一気にたかまった。高等商業学校に関しては、東京高等商業学校が一九二〇年に東京商科大学へ、神戸高等商業学校が一九二九年に神戸商業大学へと改組されおり、また、一九二八年には大阪市立高等商業学校が最初の市立大学として大阪商科大学として認可されるなど、それらの「昇格運動」の動静は各高商の焦燥感を煽るものとなったのである。

小樽高商では一九一八年頃より学内での運動が盛んになるとともに、同窓会が「昇格期成同盟会」を結成するなどの動きが現れたという(32)。この運動自体はまもなく収束することになるが、渡邊校長は以下で見るように、当初よりこの運動に対しては批判的であった。名古屋高商の場合にも同窓会の成立が一つの契機となり、「昇格運動」が展開される。一九二四年に成立した同窓会其湛会は、その発会と同時に名古屋商業大学期成同盟会を結成し、それを其湛会の付帯事業として会則に盛り込んだ。この期成同盟会は「学徒自らの学問的興味の下に研究する限り何らの干渉・圧迫・妥協を受くることなき為に大学たらしめざるべからずとの趣旨の下に、他校の流行的昇格運動に偏せず、名目を目標とせず、独立独歩、本会の手により此の目的を達成せんとして」組織されたという(33)。これは、以下に見るような渡邊の判断姿勢を踏まえたものであるといえる。

渡邊の判断は先にも触れたように、社会的機能に注目した学校制度批判が中心であり、「昇格」という発想自体に批判的であった。一九二一年の小樽高等商業学校開校十周年式および一九二六年の名古屋高等商業学校開校五周年式における式辞で、渡邊はこの動静に関し集約的に説明している。まず、渡邊の基本的姿勢を示す発言を挙げる。

大学令に曰く、大学は学術の理論及応用を教授する所なりと、即ち大学の本分は理論を主として応用を兼ぬるにあり。専門学校令に曰く、専門学校は高等の学術技能を教授する所なりと、即ち専門学校の職分は応用を主として理論に兼ね及ぶにあり。専門学校といふその専門の二字が此意味を表徴す。理論の専門なるものはあり得べきことにあらず、理論が応用せられて始めて各種の専門は現はる、専門学校令の所謂学術技能は学術技能の理論的方面にあらずして応用的方面を云ふこと明かなり、されば大学と専門学校とは両々相並ぶべく之を譬ふれば車の両輪、鳥の両翼の如し、共に国家の教育機関としての最高学府にして、一は理論を主として応用に兼ね及ぶ最高学府、一は応用を主として理論に兼ね及ぶ最高学府なり[34]。

渡邊はこのように大学と専門学校との分業、社会的機能上の区別を行っている。「国家の教育機関としては学者を作ることを主とする大学も必要、亦実際家を作る専門学校も必要」[35]なのであり、専門学校の昇格には「満腔の賛意」を表すが、ここにいう「昇格は専門学校を専門学校としての資格を向上せしむる意味の昇格」であるとする[36]。渡邊の論理では、「専門学校を変じて大学に為さんとする運動は己れの本質を卑んで他に化せんとする運動」[37]ととらえられるのである。しかし同時に渡邊は、小樽高商の校長として文部当局者に臨んだ際には文部行政に対する批判をも展開している。それは、「昇格」運動自体が誤った文部行政の帰結に他ならないというものである。

回顧すれば、大正八年に全国の専門学校が総立ちとなつて昇格運動を起し、丸で蜂の巣をつゝいた如き有様であつた。其際我輩は小樽高等商業学校長であつたが、時の文部当局者に進言した。

大学と専門学校とは職能を異にして居つて甲乙を是非すべきものでない。然るに専門学校が大学に看板の塗り替をすると云ふことは昇格にあらずして変格である。然るに文部当局御自身が昇格など云ふ言葉を御使用になるから、右様の騒動が起きるのである。夫れは文部当局御自身が、大学は高級で専門学校は低級のものとして、大学は学生と云ふべし専門学校は生徒と云ふべし、大学卒業者には肩書を認めるが専門学校卒業生には其必要を認めない、大学の校舎は坪当り四百円の煉瓦造り専門学校は坪当り二百円の木造、大学教授は勅任官専門学校は奏任官、大学教授には車に乗る余裕を与へる必要があるが専門学校教官は雨風の日でもテクテク歩きで事足りると云ふ様な差別待遇がしてある、政府の差別待遇は社会に反映するから社会も亦差別待遇をする、之れが今日の昇格運動を惹き起したのである。先づ差別待遇を撤廃して昇格と云ふ文字の使用御禁示になるならば、我々学校長に昇格運動をさしてはならぬなどの御内訓なくとも、かゝる運動は自然消滅致します。私自身は専門学校は国家教育最高機関として大学と並進すべきものと信じて居りますから、御内訓なくとも変格運動は致しませぬが、去りとてイツまでたつても「専門学校は低級のものである、差別待遇は除き去ることは出来ない」、之れが国家並に社会の本旨であると知る時は、不本意乍ら陣太鼓をたゝいて津軽海峡を渡らねばなりませぬ。

斯く申しました。之れが我輩の其時の考えでありましたが、今とて変りはありませぬ。専門学校が今日の我産業振興には重大なる貢献をなすべきである。我校（名古屋高商―引用者注）をして専門学校中の専門学校たらしめて、専門学校としての誠の職能を発揮せしめたいとの希望に我輩は輝いて居るのであります。さりとて何時我輩が陣太鼓をたゝいて箱根峠を越ゆる時が来るかも知れませぬ。それは好んでなす訳ではありませぬ、誠に止むを得ざるの時であります(38)。


渡邊の発言は、制度の理念的側面においては極めて迎合的でありながら、実態的側面において理念が十分に実現されていないことに対し批判的なのである。言い換えれば、法理念自体に対する批判というよりも、運用上の問題点すなわち行政あるいは教育経営上の論点への言及が渡邊の発言の中心となっている。先に見た生徒に対する「自重」の要請をこれと照らし合わせるならば、渡邊は、法制度自体の如何を問題にすることがないという意味において「文部官僚」としての自らの存在を「自覚」していたと言い得よう。

おわりに

本稿は、渡邊龍聖の議論を『乾甫式辞集』のみに基づいて整理したものである。したがって、渡邊の教育論・学校論、ひいては学校経営論を根本的に検討するために必要な論点の大半を保留している。

すなわち、第一に、本来の渡邊の専攻領域である「倫理学」に関する業績については一切触れていないが、渡邊の展開する議論が「人格」に収斂される以上、その判断の論理や根拠を「倫理学」的側面から検討する必要がある。また、第二として、渡邊は小学校、中学校制度の批判を展開する際にドイツおよびイギリスの学制を比較対象とした立論を行っており、これについてもその理解の正否を検討しなければならない。この点については、小樽高等商業学校長就任前の欧米における産業教育の実状視察、名古屋高商校長就任前の欧米への出張などに際しての見聞内容、さらには、国松豊ら渡邊の校長としての学校経営実務上におけるブレーンとなっていたであろう人物の検討も必要である。第三として、教育という営みはその主観的意図のみを取り上げるだけでは公正な評価ができない。他の高等商業学校、他種の（実業）専門学校そして高等学校や大学といった高等教育機関における学校経営、官公私立といった設置母体別の状況の異同などに関する比較考察が不可欠である。

さらにまた、渡邊が高等商業学校の校長を務めた時期の日本社会は、独占資本の成立や度重なる恐慌など、経済体制における変動期にあたっており、学校教育とりわけ高等教育機関の社会的役割が大きく変化する時期でもある。名古屋高商は小樽高商が一九一〇年に設置されてから十一年後の一九二〇年に設置され、その創設時の校長に小樽高商校長であった渡邊が任じられる。そして、一九一八年に発表された「高等教育機関拡張計画」以前に設置された最後の高商となった名古屋高商設置の翌年には、「拡張計画」による福島および大分の両高商が設置されている。その意味においてマージナルな位置にありつつ、大学昇格を果たした東京・神戸・大阪の三高商以外の高商の中では、その後も入学競争率をはじめ常に社会的評価の高かったとされる名古屋高商の基本路線を形成した渡邊校長の学校経営を探ることは、文部省の施政と各（実業）専門学校経営との間の実質的な連携ないし差異を見極める一つの契機として有効であろう。

【注】

（1）『剣陵』第三六号、一九三六年、一三三頁。

（2）『国立教育研究所紀要』第一一五集、一九八八年、所収。

(3)『剣陵』第三六号、一三三頁。
(4)阿部洋「清末直隷省の教育改革と渡辺龍聖」『国立教育研究所紀要』第一一五集、一九八八年、二一〇頁。
(5)『剣陵』第三六号、一三三頁。
(6)渡邊龍聖『乾甫式辞集』名古屋高等商業学校、一九二九年、一—二頁。以下、『式辞集』と略記。
(7)『文部省第五十三年報』二頁。
(8)『式辞集』一七五—一七六頁。
(9)『式辞集』一七四頁。
(10)『式辞集』一七七頁。
(11)『式辞集』一七四頁。
(12)『式辞集』一九三頁。
(13)『式辞集』一九四—一九八頁。
(14)『式辞集』一八一頁。
(15)『式辞集』一八二頁。
(16)『式辞集』一八六頁。
(17)『式辞集』一九〇頁。
(18)『式辞集』一九〇頁。
(19)『式辞集』一九五頁。
(20)『式辞集』一九九頁。
(21)『式辞集』一九九頁。
(22)『式辞集』二〇〇—二〇二頁。
(23)『式辞集』一三頁。
(24)『式辞集』七三—七五頁。
(25)『式辞集』六—七頁。

(26)『式辞集』五七―六一頁。
(27)緑丘五十年史編集委員会『緑丘五十年史』小樽商科大学、一九六一年、三〇―三一頁。
(28)『式辞集』一一―一三頁。
(29)『式辞集』七四―七五頁。
(30)『式辞集』五四頁。
(31)『式辞集』五三頁。
(32)『緑丘五十年史』三一頁。
(33)其湛会『剣陵十周年史』其湛会、一九三一年、一八三頁。
(34)『式辞集』一一―一三頁。
(35)『式辞集』三頁。
(36)『式辞集』二頁。
(37)『式辞集』三頁。
(38)『式辞集』五五―五七頁。

＊本稿は『名古屋大学史紀要』第五号（名古屋大学史資料室、一九九七年）所収の筆者稿「実業専門学校経営論に関する史的考察ノート――渡邊龍聖『乾甫式辞集』に見られる商業専門教育論――」の標題・体裁・字句等に修正を施し、若干の説明を補ったものである。

第八章　二つの事前照会文書

――イールズの名古屋大学来訪――

山口　拓史

はじめに

一九五〇（昭和二五）年二月、ＣＩ＆Ｅ（民間情報教育局）の高等教育顧問であるイールズ（Walter C. Eelles）とタイパー（Donald M. Typer）が名古屋大学に来学した。この時期、イールズらは、一九四九年七月の新潟大学開校式でのイールズ講演（いわゆる「イールズ声明」）を皮切りに、全国の大学を訪問する講演旅行を行っていた。名古屋大学への訪問は、まさにその講演旅行の一つであった(1)。

ところで現在、米国ワシントン州のホイットマン大学にはイールズが帰国する際に持ち帰った一連の資料が「イールズ文書」として保管されており、同文書には全九五四ページにおよぶ資料 "Communism in Education in Japan ― from January 1949 to August 1950"（以下、ＣＥＪという）が含まれている(2)。本稿では、このＣＥＪに収められた資料のいくつかを利用して、名古屋大学来訪を含むイールズらの講演旅行の準備過程で作成された各大学宛ての事前照会文書について若干の考察を行いたい。

イールズらによる一連の講演旅行は、一九四九年九月二日にその企画書が作成されている。その企画書には講演旅行の目的が明記されており、そこには「いまだ草創期の段階にある新制大学では、共産主義の影響の排除という特別の目的のみにとどまらず、大学運営・施設設備・教員と学生の関係・カリキュラム・学生自治会・教授方法などの改善に関する具体的な手助けが必要とされている。」との文言がみられる(3)。また同企画書には、「すでにイールズに対して、岡山・広島・山口・徳島の各大学から一一月中の開校式その他の機会での講演依頼やその打診が寄せられている。」との記述もある(4)。紙幅の関係上、その詳細に触れることはできないが、同企画はCI&E教育課長を経由してCI&E局長の決裁をうけて実施が承認されている。

一　イールズ、タイパー来学の通牒

最初に、上述のイールズらの名古屋大学来訪に関して現在残されている学内記録等を確認しておきたい。学内に残された記録によると、イールズらの来学について初めて報告されたのは一九五〇年一月一〇日開催の協議会においてである。同日の協議会では、文部省大学学術局長名文書でイールズらの来学についての通牒(一月五日付)があったことなどが口頭で報告され、後日その通達文書の写しを各部局に送付することが報告されている。このほか同月一六日、二五日、二月二日、一一日開催の学部長会でもイールズらの来学に関することが取り上げられている。しかし、これらの学部長会ではイールズらの来学に備えた具体的準備のための話し合いが中心である。

さて、一月一〇日の協議会でその配付が予告されていた大学学術局長名通牒は、約一週間後の一八日に事務局長名で各学部長・各研究所長・各分校主事・附属図書館長・学生部長宛てに送付されたようであるが、その内容は次のようなものであった(5)。

拝啓時下初春の候益々御清祥のことと存じあげます。

さてこの度ＣＩＥの大学教育のアドヴイザーであるＷ・Ｃ・イールズ博士及び学生団体についてのアドヴイザーであるＤ・タイパーの両氏が両氏の講演会及び懇談会をもちたいと要望する大学に（一月から三月の間頃）赴くことができることになりましたから別紙御了承の上よろしく願いあげます。

なお、都合により日時等変更することもありますから予め御了承願いあげます。

敬　具

昭和二十五年一月五日

文部省大学学術局長
剣　木　亨　弘

名古屋大学長殿

ここで、同通牒にある「両氏の講演会及び懇談会をもちたいと要望する大学に赴くことができることになりました」という文言に注目しておきたい。この表現を常識的に解釈すると、イールズらが来訪する大学は少なくとも事前にイールズらの来学を「要望する」意向を文部省あるいはＣＩ＆Ｅに対して示していたことになる。つまり、イールズらの来学は突然に一片の通牒によって示されたのではなく、文部省あるいはＣＩ＆Ｅがイールズらの各大学訪問に関する意向照会を事前に行っていたことが当然のことながら推測されるのである。

しかし、すでに紹介したように、学内の諸記録をみる限りではそうした事前照会がいつ行われていたのかを示唆するような資料を確認することはできないのである。ところが、この事前照会文書の写しがＣＥＪの中に残されていたのである。

二　二つの事前照会文書　――和文版と英訳版――

イールズらの来学に関する事前照会については、ＣＥＪの中には次のような文書がある(6)。

拝啓時下秋冷の候益々御清祥のことと存じあげます。

さてこの度ＣＩＥを代表する大学教育のアドヴイザーであるＷ・Ｃ・イールズ博士及び学生団体についてのアドヴイザーであるＤ・タイパーの両氏が、両氏の講演会及び懇談会をもちたいと要望する大学に（十一月頃）（十二月頃）（一月から三月の間頃）赴くことができることになりましたから左記御了承の上御希望の向は、日時、場所等御一報下さるよう願いあげます。

なお都合により日時等変更することもありますから予め御了承願いあげます。

昭和二十四年　月　日

大学学術局長

記

一、講演及び懇談会内容
　1、大学の自由及び管理組織について
　2、大学のカリキュラムの内容及び教授方法について
二、講演及び懇談会の対象
　1、大学の教授及び学生
三、講演及び懇談会の方法
　1、第一日　教授及び学生に対する一般公開講演
　2、第二日　教授団及び学生団との個別的懇談

備　考

一、一応CIEの希望する大学名は次の通りである（括弧内十一月八日より十七日間の間十一月とする）
　右には追而書をつけること
　「追而貴学には別紙日程により右につき御諒承願上候」
二、京都、大阪、滋賀、兵庫、和歌山所在大学（十一月二十八日より十二月十日の間）
三、金沢、福井（十二月十七日より二十三日）
四、九州地方（一月十六日―二十七日）

この文書は、日付と大学学術局長名が記入されていないことから、いまだ起案中のものであることが分かるが、同文書が一九四九年一一月以前の秋に通達されるべく準備されたものであることも同時に分かる。

ところで、CEJにあるこの通牒（和文）には、CI&Eが内容確認のために作成させた英訳版が添付されている。両者を一見すると、和文版がA四判二ページ分であるのに対して、英訳版はA四判一ページ分となっていることが分かる。つまり、英訳版は和文版と比較して明らかに文書内容が少なくなっているのである。和文版のどの部分が省略されているのかを確認するため、英訳版を次に示しておきたい(7)。

さて、ここで和文版の事前照会文書と英文版のそれとの相違点を列挙しておきたい。

第一点は、和文版ではイールズを「CIEを代表する大学教育のアドヴイザー」と明示しているが、英訳版ではそれに該当する記述がないことである。第二点は、英訳版では講演および懇談会のテーマが三点明記されているが、和文版ではそれが二点しか明記されていないことである。第三点は、和文版の末尾にある「備考」が英訳版には全くないことである。

三　事前照会文書にみられる相違点の意味

本節では、前節で明らかとなった和文版と英訳版とにみられる三つの相違点の意味について考察しておきたい。

まず第一点についてであるが、イールズという人物に対して上述のような形容語句を和文版にのみ付けることは、単なる敬語的意味を越えたものがあると推測できる。よく知られているように、イールズは新潟大学開校式での「イールズ声明」以降、高等教育機関に対する反共政策の主導的人物であるとの認識が急速に広まりつつあった。

その波紋の中、イールズが全国の大学に講演旅行を行うというのである。しかもその講演旅行は、事前照会文書の文面

LETTERS SENT TO UNIVERSITIES BY MINISTRY OF EDUCATION

REGARD VISITS OF CIE OFFICERS

It has become possible for Mr. W. C. Eelles, CIE Adviser for Higher Education, and Mr. D. Typer, CIE Adviser on Student Organizations, to make visits to universities desiring lectures and discussions by both men on topics memtioned below, between ______(date)______

Therefore universities desiring such lectures and discussions will report to the Ministry of Education, the desired date, time, and place.

Also note that the date, time, and place are subject to change.

(Date)

Chief,
University & Science Bureau

I. TOPIC OF LECTURE AND DISCUSSION

1. On Academic Freedom in the University; and University Administrative Organization

2. On University Curricula and Teaching Methods

3. Political Activities in the Universities and the Influence of Communism

II. PARTICIPANTS

1. University professors and students

III. METHODS OF LETURE AND DISCUSSION

1. First Day -- Open lecture for professors and students

2. Second Day -- Discussion with professors and students respectively.

から分かるように、あくまでも個々の大学からの自発的な来学要望に応える形で実施するとされているのである。しかし、イールズらが一九四九年九月二日付でＣＩ＆Ｅ教育課長宛てに提出したこの講演旅行の企画書（Program for Activities in Universities）に示されていたように、その目的の中心が大学における共産主義の排除にあったことは否定できない事実である。こうしたイールズに対して各大学が自発的に来学要請を行うかどうかについては、文部省も悲観的予測をもたざるをえなかったと考えられる。

この点に関しては、イールズ自身も事前に悲観的予測をしていたと推測できるのである。彼は、上記の企画書の中で「新潟大学における講演内容がＧＨＱ／ＳＣＡＰの政策であることを公認すること」を要請しているのである(8)。その背景には、「イールズ声明」が対日占領政策に合致したものであることの承認を得ることによって、講演旅行を契機とする高等教育機関での反共施策の大義名分を確保するねらいがあったと考えられる。しかしイールズの要請はそのとおりに認められず、九月七日付でＣＩ＆Ｅ局長名でＣＩ＆Ｅ教育課長宛てに出された回答では「ＧＨＱ／ＳＣＡＰ全体の政策であることは承認できないが、ＣＩ＆Ｅレベルの政策としての承認であれば、局長個人の責任において可能である」とされたのである(9)。

以上のことがらを考慮すれば、文部省が和文版において「ＣＩＥを代表する大学教育のアドヴィザー」との表現を盛り込んだ背景の一端を理解することができるであろう。それは、一連の講演旅行企画を「権威づける」効果をねらったものとも考えられるであろう。

次に、第二の相違点についてである。結論的に述べると、和文版と英訳版とにみられるこの相違にはきわめて重要な意味があると考えられる。

和文版では欠如していて英訳版には明記されている「大学における政治的活動と共産主義の影響」というテーマは、イールズらの企画書からも明らかなように、一連の講演旅行のいわば最重要テーマであるといっても過言ではない。そうしたテーマを和文版に明記しないということは、単なる「間違い」ではない企図があることを推測させるに十分である。

すでに触れたように、「イールズ声明」に対する各大学の反応はきわめて警戒的であり、そうした状況の中でイールズらの講演旅行企画が通知された場合、各大学が好意的反応を示さない可能性はかなり高いことが容易に予測できたと思われる。第一点で述べたように、イールズは自らの講演旅行をGHQ／SCAP全体の政策として公認させることには失敗したが、それをCI&E全体の政策として位置づけることには成功していた。つまり、イールズらの講演旅行は、形式的には各大学からの来学要請に応えるものであっても、占領統治下という権力構造の中でCI&Eの意向を排斥することは不可能に近かったと考えられる。その際、「CI&E—文部省—各大学」という関係構造における文部省の立場はどのようなものであったと推測できるであろうか。おそらくそれは、意思伝達・調整機関として少なからぬ「葛藤」を内在させたものであったと思われる。あくまでも推測の域を出るものではないが、第二の相違点の背景にはそうした文部省の立場との深い関連があると考えられるのである。つまり、文部省は、CI&Eに提示する英訳版では三つのテーマを明示し、その一方で各大学宛ての和文版では強い反発が予想されるテーマを除く二つのテーマしか明記しないという変則的な対応を余儀なくされたとの推測が可能ではないだろうか。

ただし、こうした推測とは別に次のような疑問が残るもの事実である。すなわち、和文版と英訳版との相違に対するCI&Eあるいはイールズの対応に関してである。常識的にはCI&Eまたはイールズがこれほど重要かつ明らかな相違に気づかなかったとは考えられないので、そこには何らかの意図があったと考えざるをえない。しかしそれが文部省に対する「配慮」によるものか、あるいはその以外の理由によるものかを知りうる資料は確認されておらず、その真相は明らかでない。

最後に第三の相違点——「備考」の有無——について述べておきたい。「備考」はすでに紹介した四点であるが、そこにはCI&Eが希望する大学名とその訪問時期が示されている。ただし、「追而書」にある「別紙」は添付されていなかった。

ここに列挙されている大学（地域）に関して、イールズらの講演旅行実施報告書と確認すると、「滋賀」を除くすべての大学（地域）で実際に実施されていることが分かる。その実施時期についても、「九州地方」が一九五〇年四月一〇～二一日（CI&Eは一月一六～二七日を希望）に変更されている点を除けば、ほぼ「備考」のとおりであった(10)。

したがってこの「備考」は、日程調整を円滑に行うために文部省が実務上作成したものであって、その性格から英訳版では省略されたものと考えられる。

おわりに

CI&Eは、占領下の教育改革を掌握・管理するため日本側に対して、ほとんどすべての文書類の英訳版提出を求めていた。したがって、本稿で取り上げたイールズらの講演旅行に関する事前照会文書もその例外ではなく、和文版と英訳版が作成されたのである。

しかし、当然のことながら同一であるべき両者の内容が異なったものであったことはすでに紹介したとおりである。しかも両者の相違が、事前照会文書の目的に照らして、非常に重要な部分でみられるのである。すでに指摘したように、CI&Eあるいはイールズがそうした重要な相違点に気づかなかったとは常識的には考えられないが、その一方でその謎を解く資料の存在も現在のところ明らかではない。

しかし誤解を恐れずあえて推論するならば、その相違点にこそCI&Eあるいはイールズと文部省とのいわば「政策的配慮」が盛り込まれており、占領統治下の政策遂行のダイナミズムが反映されているのではないかと思われる。

【注】

（1）イールズらの名古屋大学来訪については、『名古屋大学五十年史　通史二』三三九—三五五頁（一九九五年一〇月刊）ならびに山口「CI&E高等教育顧問イールズ関連資料メモ—名古屋大学との関連を中心に—」『名古屋大学史紀要　第七号』九七—一一一頁（一九九九年三月刊）などを参照されたい。

（2）本稿で利用したイールズ文書は、文部省科学研究費海外学術研究「占領期日本教育に関する在米史料の調査研究」（一九八五—八七年度、研究代表者：佐藤秀夫）によって収集されたものである。イールズ文書の詳細は、同研究報告書『海外学術研究報告書　占領期日本教育に関する在米史料の調査研究』九七—一〇七頁（一九八八年刊）を参照されたい。

（3）Program for Activities in Universities, CEJ, p.361.

（4）Program for Activities in Universities, CEJ, p.362.

（5）「C・I・E大学教育顧問W・C・イールズ、学生団体顧問D・タイパー両博士の講演及び懇談会について」『昭和二十五年　文部省往復綴　庶務課』

（6）CEJ, pp.370-371.

（7）CEJ, p.372.

（8）CEJ, p.363.

（9）CEJ, p.368.

（10）Summary of University Conferences (Eelles, Typer, Neufold - November 1949 to May 1950, CEJ, p.11.

あとがき

『地方教育史論考』と題する本書は、地方教育史研究の素材となる史料をめぐって書き綴った論文を集めて編んだものである。『地方教育史論考』と題してはいるが、実は、地方教育史史料論でも地方教育史論をめぐる考察でもなく、地方教育史上のあたらしい興味ある史料をめぐって紹介し考察した論稿からなっている。

小著は篠田　弘先生が名古屋大学を停年退官されるのを機に、これまで先生との研究上の交わりのあられた方々や、先生のご指導を受けてきた者のうち、とくに愛知県教育史ならびに名古屋大学史の編纂事業に携わってきた有志が集って成ったものである。

教育学のなかでも日本教育史を専攻研究された先生は、とくに地域の教育の実際的様相を究明することにつとめられ、それにもとづく精緻な教育史像を提示して従来の中央政策史的な偏りを是正することにつとめてこられた。また、教員養成の歴史的・地域的な具体相を解明するとともに、これにもとづく教員養成の在り方をめぐる重要な提言をなされておられる。さらには、大学史、とりわけ名古屋大学の歴史研究にも取りくまれ、幾多の埋もれた史料の発掘と収集に尽力され、大学の成立と発展の具体的様相を明らかにするにとどまらず、地域と高等教育の在り方についても光をあててこられた。

そのほか、愛知県（教育）史・新修名古屋市史・岐阜県教育史等の地方史誌の編集・執筆委員としても活躍してこられた。とりわけ、地方の歴史編纂事業の中心となられて、大勢の共同研究者を統括し、新史料の発見と整理、それにもとづくあたらしい歴史像の提示という地道な作業を継続され、後来の研究の礎をきづかれた。

これらの編纂作業がすすめられるなかで、貴重な史料が数多く発掘されたが、そのなかには、紹介されないまま今なお出番をまっているものが少なくない。本書は、そうした史料のなかのいくつかを取りあげ、紹介し考察したものである。史料とは地方教育史研究の基礎素材となるものであり、先生が終始一貫大切にしてこられたものである。

地方の教育史上の興味ある史料を紹介・検討することで、それまでの歴史像にすこしでも補いを与えたいというささやかな構想は、幸いにも名古屋大学学術振興基金（平成十一年度）の賛同をうることができ、出版助成金を与えていただいた。誠にありがたいことである。ささやかで地味な構想であっただけにこれで弾みがつき、どうにか形あるものになった。ここに記して、感謝申しあげる次第である。

諸事情から当初の構想どおりの著書を編むまでに至らなかったけれども、いずれ体勢を整え直し想をあらたにして、素志を貫きたいと願っている。歴史研究というのであれば、対象とする歴史の具体的様相の解明だけでなく、歴史像分析のための史料そのものをめぐって詮索する作業も、大事にしたいものである。

二〇〇〇年二月吉日

加藤詔士

執筆者一覧

篠田　弘　名古屋大学教授
浅見　恒行　愛知学院短期大学教授
加藤　詔士　名古屋大学教授
新海　英行　名古屋大学教授
高木　靖文　名古屋大学教授
田中　英夫　名古屋大学元講師
中村　治人　名古屋大学助手
山口　拓史　名古屋大学助手

■編著者略歴
篠田　弘（しのだ　ひろむ）
1936年　岐阜市に生まれる。
1959年　名古屋大学教育学部卒業
1964年　名古屋大学大学院教育学研究科博士課程修了
愛知学院大学助教授などを経て
現　在　名古屋大学教育学部教授
主たる著書
『教員養成の歴史』（共編著　第一法規、1979）
『名古屋大学五十年史　通史一・二』（共編著　名古屋大学出版会、1995）

加藤　詔士（かとう　しょうじ）
1947年　名古屋市に生まれる。
1970年　名古屋大学教育学部卒業
1976年　名古屋大学大学院教育学研究科博士課程修了
神戸商科大学教授などを経て
現　在　名古屋大学教育学部教授
主たる著書
『英国メカニックス・インスティチュートの研究』
（神戸商科大学経済研究所、1987）
『歴史のなかの教師・子ども』
（共編著　福村出版、2000）

地方教育史論考

2000年3月26日　初版第1刷発行

■編著者——篠田　弘／加藤　詔士
■発行者——佐藤　正男
■発行所——株式会社 **大学教育出版**
〒700-0951　岡山市田中124-101
電話（086）244-1268　FAX（086）246-0294
■印刷所——サンコー印刷（株）
■製本所——日宝綜合製本（株）
■装　丁——ティーボーンデザイン事務所

ISBN4-88730-380-7